일본
열도는
왜
후진하는가

반 글로벌 사회·정치·문화

일본
열도는
왜
후진하는가

반 글로벌 사회·정치·문화

이만희 지음

인간사랑

집필하기까지

　　한국과 일본은 운명적으로 함께 갈 수밖에 없는 매우 중요한 파트너이다. 그러나 양국 관계는 '가깝고도 먼 나라'로 인식될 정도로 역사적으로 결코 순탄치 않았다. 지리적으로는 가까우나 정서적으로는 가까워지기 어려운 나라라는 뜻이다. 한국의 교육 과정에서는 일본을 다룰 때 불행했던 양국 관계를 강조한다. 1592년 임진왜란(壬辰倭亂), 1876년 강화도 조약 체결 이후의 일본의 한반도 침략 등이 일본 관련 교육 내용의 전부이다. 일본의 사회 문화에 대한 내용은 전혀 없다. 그 편향된 학습의 효과로 한국인이라면 반일(反日) 감정으로부터 벗어날 수 없었다. 정서적으로 일본은 먼 나라로 인식된다.

　　필자는 1980년 대학 3학년 때 처음으로 일본의 사회 문화를 접할 수 있었다. 불행히도 그해 5월 17일 대학 휴교령이 내려 1학기는 개강 직후 캠퍼스가 폐쇄되고 2학기부터 개강되었다. 그러나 캠퍼스 내의 민주화 운동은 진정되지 않은 채, 휴강이 다반사였다. 따라서 정상적인 수업이 전혀 이루어지지 않았다. 학생들이 시위를 하면 교수는 시위대가 교문 밖으로 진출하지 못하도록 인(人)의 장벽을 쳐야 했기 때문이다. 참으로 혼란스러웠다. 필자가 교수의 입장이 되고 보니 그때 교수님들의 정신적 고통을 다소 헤아릴 수 있을 듯하다.

그 학기에 '아시아 정치론'이라는 과목을 통하여 처음으로 고대부터의 일본의 사회 문화를 접할 수 있었다. 그러나 휴강이 다반사여서 학습권을 보장받지는 못했다. 그때 교수님께서 참고 도서로 소개해 준 저서가 『東아시아 문화사』라는 번역서였다. 휴강 때마다 도서관에서 그 책을 탐독했다. 그런데 일본식 한자를 읽기가 어려워 내용을 이해하고 기억하기가 아주 힘들었다. 어렵게 원서 *East Asia: the Great Tradition*을 구해 읽어 봐도 마찬가지였다. 그래도 미지의 영역을 개척하는 기분이 들어서인지 매우 흥미로웠다. 필자의 학문적 호기심을 자극하기에 충분했다. 그 인연으로 1992년 학위를 취득하기까지 그 교수님의 지도를 받았다. 지금도 교수님의 지도를 받으면서 학창 시절의 기분을 만끽하고 있다.

호기심에서 몇몇 관련 도서를 계속 읽어 봤다. 대부분 일본은 어떻게 단기간에 경제 대국이 되었는가를 탐구한 도서였다. 특히 *Japan as Number 1*이라는 저서는 일본 사회 문화의 우수성을 고찰한 책이었다. 아쉽게도 내 호기심을 충족시켜 줄 수 있는 도서는 극히 일부였다. 그만큼 일본은 한국 학계에서 관심의 대상이 되지 못했다. 학위 취득 후 연구 기관에서 재직하고 있을 때인 1996년 5월 운 좋게도 지도 교수님 덕분에 게이오 대학(慶応大學)으로부터 초청을 받았다. 2년간 연구 예정으로 10월 20일 일본행 비행기에 올랐다. 이 기회가 없었다면 필자의 일본에 대한 관심은 더 이상 지속될 수 없었을 것이다.

이때는 도서관에 파묻혀 사느라 일본 사회를 깊이 살펴보지는 못했다. 한국에서 읽었던 책들에 대한 이의를 전혀 느끼지 못했다. 주변에 있는 보통의 일본인을 통하여 일본 사회를 단편적으로 이해했을 뿐이다. 그러나 이를 통하여 일본 사회가 한국에서 받은 교육 내용과 전혀 다르다는 느낌을 받았다. 어디를 가도 그렇게 친절할 수가 없었다. 대부분의 일본인들은 한국에 대하여 좋은 인상을 갖고 있다고 했다. 필자의 반일 의식이 부끄러웠다.

문화적 충격도 적지 않았다. 당시 한국에서는 양담배 판매나 흡연이 엄격하게 금지되고 있었다. 한국인으로서 국산품을 사용하는 것은 당연했다. 그런데 일본의 지인들 대부분은 외국산 담배를 피우고 있었다. 지금 생각하면 당연한 것일 수도 있으나 한국적 사고로는 이해하기 어려웠다. 불황이었지만 그 느낌은 전혀 받지 못했다. 또 도서관에는 한국에서 불법 도서라고 분류된 자료들이 널브러져 있었다. 그러나 감시 통제에 익숙했던 필자는 주변의 눈치를 살피면서 자료를 봤다. 오죽하면 조총련계가 운영하는 식당에는 출입도 하지 않았다.

그 인연으로 2004년 3월 20일 교수로서 부임하고자 가족과 함께 다시 일본으로 왔다. 이때는 일본이 불황의 늪에 빠져 있었다. 이전과는 달리 대학 구성원으로서 일본 사회를 깊이 엿볼 수 있는 기회가 많아졌다. 그동안 책을 통해 봐 왔던 내용과 실제 일본의 사회 문화는 전혀 다르게 다가왔다. 반 글로벌 사회 문화와 정치 문화가 일본의 불황을 초래했다고 확신하기에 이르렀다. 여기에 아베 정권의 반 글로벌 민족주의 리더십은 일본 사회의 장기 불황의 늪으로의 탈출을 근원적으로 방해하고 있다는 확신이 들었다. 2013년 1학기 미국 버클리 대학(University of California at Berke-ley)에서 연구 활동을 하면서 관련 서적을 맘껏 탐독했다. 결론은 마찬가지였다.

흔히 한국은 여러 가지 면에서 일본을 많이 닮았다는 얘기를 자주 듣는다. 한국 사회가 일본의 전철을 밟지 않기 위해서는 일본 불황의 원인을 사회·정치·문화적 관점에서 정리해 볼 필요가 있다고 느꼈다. 필자의 정리가 탈 불황의 가이드라인이 될 수 있지 않을까 하는 기대에서이다.

필자는 습관적으로 어디를 가도 생소한 현상이 보이면 즉시 메모나 사진을 남긴다. 지난 14년 동안의 관찰을 통하여 한국이 일본의 반 글로벌 사회·정치·문화를 절대로 닮지 않기를 기원하면서

일본 열도는 왜 후진하는가

메모를 많이 남겼다. 그것이 이번 집필의 기초가 되었다. 버클리 대학에서 기록한 메모도 큰 몫을 차지했다. 이 책은 대부분 직접 겪은 사회·정치·문화에 대한 메모와 강의를 준비하는 과정에서 취득한 다양한 사회·정치·문화적 현상 그리고 일본인들과의 대화 등을 바탕으로 집필됐다. 기억이 불분명한 부분에 대해서는 각주를 달거나 인용 표시를 해 두었다.

이 책의 내용은 고대부터 현재까지의 일본의 글로벌 문화의 원형과 변형, 장기 불황 이후 고착화된 일본 사회의 반 글로벌 문화(기업가 정신의 제약, 재량권 없는 조직 문화, 매너리즘에 갇힌 사회, 종신 고용 제도 및 연공 서열 제도의 부메랑), 그리고 아베 정권의 반(反) 글로벌 민족주의로의 회귀(집단적 자위권 재해석, 아베 노믹스) 등으로 구성되어 있다. 특히 일본 사회의 반 글로벌 문화 부분은 *Japan as Number 1*의 내용과는 거리가 있다. 그 저자가 어떤 반응을 보일지 궁금하다.

적어도 이런 현상은 한국이 좇지 말아야 할 경계의 대상이라고 믿는다. 그렇다고 일본 사회를 전부 부정적으로 보는 것은 아니다. 오해가 없길 바란다. 아직도 한국이 선진국으로 진입하기 위해서는 일본으로부터 배워야 할 점이 적지 않다. 필자가 관찰한 내용은 일본 사회·정치·문화의 일부일지도 모른다. 앞으로 더욱 관찰하면서 더 나은 집필을 할 것을 다짐한다. 한국인의 현대 일본 이해에 다소나마 도움이 되기를 기대한다. 미숙한 원고를 흔쾌히 받

아주신 인간사랑 출판사의 여국동 사장님과 편집에 심혈을 기울여
주신 직원분들께 진심으로 감사를 드린다.

2015년 12월 12일
일본 오사카 마끼즈카다이(槇塚台) 연구실에서
저자 배상

차례

일본 열도는 왜 후진하는가

제1장
일본은
어떤 나라인가?

1. 일본 열풍

일본이라는 국가명을 들으면 어떤 브랜드가 떠오를까? 당연히 경제 대국의 이미지가 떠오를 것이다. 2001년 프랑스를 방문했을 때, 파리 외곽에 있는 베르사유 궁전으로 가기 위하여 전철표를 끊고자 역무원에게 영어로 말을 걸었다. 그런데 역무원은 의외로 일본말로 어디까지 가는지를 되물었다. 코리안이라고 하자 고개를 갸우뚱거렸다. 불과 몇 년 전까지만 해도 보통의 유럽인들에게 코리아는 낯선 나라였다.

그들의 머릿속에는 아시아라고 하면 일본과 중국 뿐이었다. 중국은 오랜 역사를 갖고 있는 국가로, 일본은 경제 대국의 브랜드로 각인되고 있었을 테니 말이다. 지금은 한류가 글로벌화의 물결을 타고 한국 민간외교의 첨병으로 세계 곳곳으로 스며들고 있다. 그 소프트파워 때문에 아마 세계에서 코리아를 모르는 일반 시민은 없을 것이다.

일본은 어떻게 해서 세계의 일반 시민에게 알려지게 되었을까? 일본은 임진왜란(壬辰倭亂, 1592) 직후 조선 및 중국과의 교류를 단절하고 유럽에 눈을 돌리면서 서구에 알려지기 시작했다. 본격적으로 알려진 것은 전후 이룩한 경제 대국의 이미지 때문이었다. 연구자들은 대체로 세 가지 시각에서 경제 대국의 원동력을 추적하고 있다. 국가 리더십(일본주식회사), 기업의 도전 정신(사무라이 정신) 그리고 사회 문화(일본인의 협동 및 합의 중시 문화) 등이 그것이다.

1970-80년대에는 나름대로의 주장을 담은 출판물들이 넘쳐나면서 일본에 대한 관심이 세계로 퍼져나가고 있었다. 이른바 일본의 '소프트파워'가 세계 곳곳에 투영되고 있었던 것이다. 국가 리더십에 초점을 둔 존슨(Chalmers Johnson) 교수의 저서,[1] 사회 문화에 초점을 둔 보겔(Ezra F. Vogel) 교수의 저서,[2] 그리고 라이샤워와

---

1   Chalmers Johnson, *MITI and the Japanese Miracle* (California: Stanford University Press, 1982).
2   Ezra F. Vogel, *Japan as No.1: One Lesson for America* (New York: Harper

페어뱅크(Edwin O. Reischauer and John King Fairbank) 교수의 공저[3] 등은 필자가 1980년대의 학창 시절 일본에 빠지게 된 결정적 안내서였다. 이 책은 한국에도 번역판이 출간되어 있다.

1980년대 중국의 개혁 개방은 세계의 관심을 대륙으로 끌어들였다. 중국 열풍은 정말 대단했다. 그도 그럴 것이 덩샤오핑(鄧小平)의 결단은 세계 질서를 뒤바꾼 역사적 전환점이었기 때문이었다. 마오쩌뚱(毛澤東)은 중국을 건국했지만, 강대국 건설에는 실패했다. 오히려 중국의 역사를 후퇴시킨 장본인이다. 반대로 강대국으로 인도한 인물이 바로 덩샤오핑이다. 그의 개혁 개방 정책이 현재 중국의 밑거름이 되었음은 부인할 수 없다. 중국 유학생들에게 가장 존경하는 인물이 누구냐고 물으면, 예전에는 당연히 마오쩌뚱이었다. 그러나 최근의 중국 유학생들은 덩샤오핑을 가장 존경한다고 한다. 그만큼 중국인들의 존경심이 서서히 마오쩌뚱에서 덩샤오핑으로 옮겨가고 있음을 알 수 있다.

1982년 대학원 첫 학기에 '강대국 외교론'이라는 과목이 있었다. 지금도 마찬가지지만 강대국이란 미국, 중국, 일본, 러시아(당시 소련) 등을 일컫는다. 수강생 12명 중 10명이 중국을, 한 명이 미국

& Row, 1979).

3 Edwin O. Reischauer and John King Fairbank, *East Asia: The Great Tradition* (Boston: Houghton Mifflin, 1962).

을 그리고 필자가 일본을 대상으로 각각 연구 주제로 설정했던 기억이 난다. 그만큼 중국 열풍에 가려 일본에 대한 관심은 서서히 수그러들고 있었다.

그로부터 한참 후인 1996년 5월 일본 게이오 대학(慶応大學)의 초청으로 그해 10월부터 2년간 도쿄에서 연구 활동에 전념할 수 있는 기회를 누릴 수 있었다. 내 인생 최초의 해외 나들이를 되돌이켜 보면 지금도 설레인다. 덕분에 도서관에 파묻혀 일본에 대한 지평을 더욱 넓혀갈 수 있었다. 그때 정작 일본인들은 교과서 내용과는 달리 기업의 도전 정신을 경제 대국의 원동력으로 다루고 있음을 알게 되었다. 2004년 3월 일본행을 다시 결정한 것도 이때의 인연 때문이었다.

지금까지의 담론은 모두 전후의 일본 부흥을 결과로 간주하고, 전후 기간에 초점을 맞춰 그 원동력을 추적하고 있다. 그렇다고 어느 것이 옳다 그르다를 말하기 어렵다. 나름대로의 타당한 근거를 갖고 있기 때문이다. 그러나 오랜 시간을 거치면서 형성되고 변형된 문화가 그 밑바탕에 깔려 있음을 간과할 수는 없다. 어쨌든, 세계가 일본을 주목하기 시작한 것은 1950–80년대 당시 일본이 역대 최고의 태평성대(太平聖代)를 누리고 있었기 때문이다.

일본은 메이지 유신(明治維新) 100주년이 되던 1968년 미국에 이어 세계 2위의 경제 대국이 된다. 그 후 고도성장을 누리면서 미국과 유럽을 위협하는 아시아의 강대국으로 등장하고 있었다. 소니, 파나소닉(내쇼날, 마쓰시다), 샤프, 히타치, 도요타 등의 브랜드와 애니메이션은 세계 시장을 휘젓고 다녔다. 1997년 외환 위기 때까지 한일 간에는 전자 제품의 수출입이 금지되고 있던 때라, 당시에는 뒷거래를 통하여 비싼 워크맨을 구입하는 것이 묵인되고 있었다. 그뿐만 아니라 '메이드 인 저팬' 제품은 세계 시장에서 동경의 대상으로 자리매김하고 있었다.

돌이켜 보면 경제 대국의 위세는 정말 대단했다. 미국과의 통상 마찰이 빈번히 일어났음에도 불구하고, '바이 아메리카(Buy America)'라고 불릴 정도로 일본 자본은 미국의 기업, 부동산을 거침없이 집어삼켰다. 일본은 세계 달러의 블랙홀과 같았다. 세계의 달러를 쓸어 담아 들어와 그것이 골칫덩어리로 여겨질 정도였다. 오죽하면 미국을 비롯한 서방 선진국 G5(미국, 캐나다, 영국, 프랑스, 이탈리아)가 일본과 독일에 엔화와 마르크화를 평가 절상하라고 압력을 가했겠는가. 그것이 1985년 플라자 합의(Plaza Accord)를 낳았음은 주지의 사실이다.

그 직후 엔화가 급격히 절상되자, 한동안 일본 경제는 어려움을 겪었다. 그것도 잠시일 뿐, 일본의 파워는 거침없이 세계로 퍼져나갔다. 엄청난 흑자가 훗날 버블 경제를 낳고, 또 1992년 버블 경제의 붕괴로 경제 대국의 이미지에 커다란 타격을 입었을 정도였으니 말이다. 영국은 산업 혁명을 주도했지만, 그것을 완성한 최후의 승리자는 일본이라고 해도 과언이 아니다.

여기서 강조하고 싶은 것은, 일본의 전후 부흥은 결코 단기간에 이루어진 것이 아니라는 사실이다. 고대 시대부터 뚜렷하게 관찰되는 뿌리 깊은 실용주의적 '글로벌화 정신'이 그 원동력이 아닐 수 없다. 대외 교류를 적극적으로 추진하면서, 어떤 문화라도 일본에 가치가 있는 것, 우수한 것, 유익한 것은 수용 내지 모방하고, 그것을 자기 이익 및 개혁과 결부시키려는 태도, 즉 실용주의 정신이 일찍부터 자리 잡고 있었다. 이것을 '자연 발생적 수신형 문화'라고 한다.

한국에도 잘 알려진 쇼토쿠타이시(聖德太子)는 그 대표적 인물로서 현재에도 일본 사회에서 존경을 받고 있다. 물론 시대의 변화에 따라서 정도의 차이는 있었으나, 근본적으로 글로벌 정신은 일본의 사회 문화 속에 꾸준히 흐르고 있었다. 여기에 하나를 덧붙인다면 '분권화 정신'이 아닐까 싶다.

그 반면, 중국과 조선은 쇄국에 얽매여 바깥 세계의 흐름에 매우 둔감했다. 특히 조선은 유교에 얽매여 사색당파라는 극히 소모적인 정권 다툼에 빠져들고 있었고, 중국 이외의 국가와는 교류를 철저히 거부했다. 이것이 3국의 운명을 갈라놓는 결정적 단초로 작용했다. 3국뿐만 아니라, 세계 각국의 흥망을 되돌아 보면 글로벌화의 힘(개방파)이 쇄국의 힘(보수파)을 압도하는 역사적 흐름은 쉽게 찾아볼 수 있다. 이것은 국가뿐만 아니라, 기업 및 개인에게도 적용되는 중요한 교훈이 아닐 수 없다.

2. 일본의 쇠퇴와 반 글로벌 역주행

그런데 2000년대 들어서 일본의 경제력이 휘청거리고 있다. 1992년부터 지속된 장기 불황의 충격이 너무 컸던 탓일까. 일본은 2009년 중국에 추월당한 이후, 계속 제자리걸음을 면치 못하고 있다. 경제성장률은 극히 저조해 마이너스를 기록하기도 한다. 2014년 현재 달러 기준으로 일본의 GDP는 중국의 44.4%에 불과하다. 그 격차는 점점 커지고 있다. 한국의 GDP는 일본의 30.6%에 이르고 있다. 더구나 1992년 버블 붕괴 이후 디플레의 덫에 걸려 불황의 늪에서 벗어나지 못하고 있다. 2012년 아베 노믹스(Abenomics)가 탄생한 이후에도 개선될 조짐은 전혀 감지되지 않는다. 오히려 후퇴하고 있다.

가장 심각한 것은 일본 사회 자체가 자신감을 상실하고, 패배의식에 사로잡혀 있다는 점이다. 일본 지식인들로부터 "일본은 끝났다"는 얘기를 자주 듣는다. 지금의 상태가 지속된다면 가까운 시일 내에 세계 4위의 경제 대국인 독일에 추월당할 것은 분명하다. 일본 찬양론자인 보겔 교수가 지금의 일본을 보면 어떤 생각을 할까 궁금하다. 그가 근거로 제시한 일본의 사회 문화는 그때나 지금이나 변화가 없다. 다만 그가 제시한 근거들이 오히려 일본의 발목을 잡고 있다는 사실을 부인할 수 없다. 그는 일본 사회 문화의 겉모습만을 보고 찬양하지 않았을까 하는 의구심마저 든다.

일본은 왜 계속 추락하고 있을까? 장기 호황 속에서 꾸준히 이어 내려온 글로벌 마인드를 잃어버렸기 때문이다. 분명히 세계의 흐름은 산업화 시대를 지나 '글로벌화'와 '정보화'로 치닫고 있다. 글로벌화는 각국 또는 비국가(기업)의 행동 양식이 국제적 표준이나 보편적 가치에 맞춰지는 과정이다. 각국의 정치, 경제, 사회 문화 시스템은 통일된 '세계 모델'에 맞춰지고 있다. 이것은 거역할 수 없는 문명사적 전환이자 역사적 흐름이다. 정보화는 행동 양식의 스피드화를 요구한다.

1997년 한국을 포함한 아시아 국가들이 금융 위기에 직면했을 때, 서구는 글로벌화 및 정보화에 대한 늦장 대응을 그 원인으로 지적했다. 이에 적응하자면 당연히 행동 양식의 기준뿐만 아니라 그 마인드도 바뀌어야 한다. 한국의 삼성 회장이 1993년 "자식과 마누라 빼놓고는 모조리 바꾸자"고 외친 프랑크푸르트 선언은 세계 질서 흐름으로의 마인드 전환을 촉구한 것이다. 선구자적 정신으로 평가받아야 한다. 한국의 '빨리빨리' 정신은 일본의 조롱을 받을만큼 적지 않은 부작용을 낳았음에도 불구하고, 새로운 세계적 흐름에 부합되는 사회 문화라고 단정하고 싶다.

그 반면, 일본은 호황 시절의 관행에서 벗어나지 못하고, 그 시절의 자기 것에 집착하고 있다. 그 마인드는 7~80년대의 행동 양식을 답습하고 산업화 시대를 벗어나지 못하고 있다. 또한 정보화 시대에 걸맞는 글로벌 문화로 변형시키지 못하고 있다. 아직도 자

일본 열도는 왜 후진하는가

기 것이 최고라는 아집에 사로잡혀 있다. 세계 시장에서는 소니의 존재감이 거의 사라지고, 매년 대규모의 적자 실적을 발표하고 있음에도 불구하고, 일본인들은 자국 제품이 여전히 세계 최고라고 착각하고 있다.

일본인들에게 한국 제품은 아직도 구석이나 겨우 차지할 정도의 2류로 인식되고 있다. 1996년 일본에 처음 왔을 때, TV를 사기 위해서 도쿄의 이케부쿠로(池袋)에 있는 '빅 카메라'라는 양판점에 들렀다. 그 당시 한국 제품은 정말 초라하기 그지없었다. 지금은 상황이 변했음에도 불구하고 일본인들의 인식은 전혀 변화하지 않고 있다.

2013년 여름, 자동차 타이어를 교체하기 위하여 인근의 '오토박스'라는 대리점에 들렀다. 그곳에도 한국산 타이어가 있었으나 구석진 곳에 진열되어 있었다. 일본에서는 브릿지스톤(Bridgestone), 요코하마(Yokohama) 타이어 이외에는 그다지 팔리지 않는다고 한다. 한국산의 품질을 물으니 마모 속도가 빠르다고 한다. 안내자의 말이 옳다면 한국산 자동차는 해외에서 팔릴 수 없다. 한국산의 가격은 일본산의 절반에도 미치지 못했다. 한국산 품질을 익히 알고 있던 필자로서는 국산품을 선택했다. 지금까지 브릿지스톤, 요코하마, 그리고 한국산을 모두 써봤으나 오히려 한국산의 마모 속도가 느리다는 느낌을 받았다.

2011년 3월 11일 동(東)일본 대지진과 그 직후의 원전 사태로 일본 전국이 사재기 열풍에 휩싸였을 때였다. 특히 물 부족이 심각했다. 필자는 생수를 구하러 이곳저곳을 다녀봤으나 모두 품절이었다. 며칠 후 다시 가 보니 제주도산 2리터 생수가 진열되어 있었다. 가격은 일본산의 절반 정도였다. 그러나 일본인들은 전혀 거들떠보지도 않았다. 여유 있게 구입하고, 또 도쿄에 있는 아들에게도 우편으로 배송하기도 했다. 아직도 일본 시장에서는 한국산 제품이 평가절하되고 있다는 얘기다. 참으로 안타깝다. 한편으로는 일본인들이 구시대의 사고에 집착해 있음을 보여 주는 단면이다.

최고의 지성들이 모여있다는 대학에서도 말로만 글로벌화를 외칠뿐, 실제의 행동 양식은 구시대에 그대로 머물러 있다. 이 때문에 구성원들 간에 마찰이 빚어지는 현장을 자주 목격할 수 있었다. 놀라운 것은 일본이 왜 뒤처지고 있는가에 대한 반성이 전혀 들리지 않는다는 점이다. 마치 구한말의 조선이나 중국의 전철을 밟고 있다는 느낌마저 든다. 역사적 흐름에 역행하는 내향적(inward-looking) 사고나 행동 양식이 오늘날의 쇠퇴를 낳은 단초라고 단언할 수 있다.

일본 열도는 왜 후진하는가

제2장
일본 글로벌 문화의
원형과 변형

1. 글로벌 문화의 원류

글로벌 문화의 형성

　일본의 글로벌화 정신의 원류는 고대로 거슬러 올라간다. 이미 오래 전부터 일본은 우수한 문화라면 국적, 이념, 종교, 인종 등을 초월하여 적극적으로 받아들이는 관성(慣性)을 갖추고 있었다. 4세기부터 일본은 한반도로부터 적극적으로 문화를 받아들이기 시작했다. 당시 야마토(大和) 정권은 국가 체제를 갖추고 있지 못했기 때문에 내국인 간의 교류가 활발하지 못했다. 이때 국적이나 지명은 모르겠으나 생김새가 비슷한 지식인이나 기술자가 오사카(大阪) 지역에 상륙하기 시작한 것이다. 일본인들은 그들을 '도라이진(渡來人'이라고 불렀다. 이들이 조선, 토목, 철강에 관한 기술 등을 전파하여 고대 일본의 발전에 크게 기여했다.

일본인들은 그들을 깍듯하게 예우했다. 지금도 일본인들은 자신보다 뭔가 우월하다고 생각하면 깍듯하게 예우를 다하는 습관을 갖고 있다. 그들을 통하여 문자(한자), 종교(불교)가 일본 열도에 상륙했다. 특히 백제계의 도라이진들 덕분에 한자를 통하여 기록문화를 갖출 수 있었고, 불교를 통하여 정신적 통일을 이룩할 수 있었다. 이를 배경으로 고대 일본은 정치 체제가 안정되면서 활발한 개척 시대를 열 수 있었다. 한반도에서 삼국(고구려, 백제, 신라) 간의 패권 경쟁이 절정에 달하자 일본으로 건너오는 도라이진은 더욱 증가했다. 이들이 야마토 정권의 새 국가 탄생에 크게 공헌했음은 물론이다.

문화 개방을 둘러싸고 갈등이 없었던 것은 아니다. 6세기 야마토 정권의 나라(奈良) 시대에 불교를 받아들이는 과정에서 이른바 글로벌파와 보수파 간의 혈투가 일어났다. 당시 소가(蘇我, 백제계라는 설이 있음)를 중심으로 하는 글로벌파는 불교를 적극적으로 받아들이고자 했으나, 이에 위협을 느낀 모노노베(物部)를 중심으로 단합한 전통 호족들, 즉 보수파가 대항하고 나섰다. 뜻밖에 전염병이 돌자 반대파들은 한반도에서 건너온 불교 때문이라고 호도하면서 불상과 절을 습격하기 시작했다. 이것이 양대 세력 간의 전면전으로 커지면서, 이른바 불교와 토속 신앙 간의 종교 마찰로 번졌다. 사실은 종교를 명분으로 한 글로벌파와 보수파 간의 권력 투쟁이었다.[4]

그 결과 글로벌파가 승리하면서 글로벌 문화가 그 원형을 형성할 수 있었다. 이때 글로벌파에 적극 가담한 인물이 바로 쇼토쿠타이시(聖德太子)이다. 그는 고대 일본의 대표적 글로벌론자이자 현대 글로벌 문화의 원조격이었던 것이다. 글로벌 세력의 승리를 계기로 나라(奈良) 시대는 불교 전성기를 맞게 되고, 한일 간에는 불교를 비롯한 다양한 문화 교류가 적극적으로 이루어지게 된다. 현재도 나라(奈良) 지역에서는 한반도에서 건너온 승려나 기술자들이 건축한 세계 문화유산의 사찰이나 불상, 또 그들을 기리는 기념물을 적지 않게 볼 수 있다.

한반도에서 통일 신라의 등장(676)은 야마토 정권에게 커다란 안보 부담을 안겼다. 야마토 정권은 현대적 의미에서의 '집단적 자위권' 차원에서 나당(羅唐) 연합군에 맞선 백제를 지원하기 위하여 한반도에 군대를 파견했던 적이 있었다. 예상과는 달리 백제가 패하자(660년 멸망), 그 원죄(原罪) 때문에 야마토 정권은 통일 신라가

---

4 愼太一郎, 『朝鮮の歷史と日本』(東京 : 明石書店, 1998), pp. 30-31.

곧 일본 열도로 보복 침공해 올 것으로 예상했다. 그에 대응하는 방법은 예나 지금이나 부국강병(富國强兵) 밖에 없었다. 645년부터 시작된 타이가노가이신(大化の改新)이라는 국가 개혁 작업이 이때 완성을 보게 된다.[5]

그 작업은 당(唐, 618—960)과 통일 신라의 제도를 모방하는 것이었다. 이 개혁으로 토지 제도, 호적 제도 그리고 천황(天皇) 제도가 확립되어 일본의 문화사에서 일시적으로나마 중앙집권화된 통일 국가가 탄생했다. 토지의 사유화가 이루어진 것은 그로부터 한참 후인 743년 경이다. 천황은 그 이전까지 오오기미 또는 다이오(大王)로 불리면서 실질적 국가 리더가 아닌 상징적 존재에 불과했다. 통일 국가는 국가 개혁에 힘입어 안보 위협으로부터 벗어날 수 있었으나, 그 원죄 때문에 이때부터 고려(高麗) 말기까지 한반도와의 교류를 중지하게 된다. 그 대신 당(唐)나라와의 교류를 통하여 간접적으로 중동 및 유럽 문화까지 적극적으로 받아들이는 대외 개방을 유지해 갔다. 글로벌 문화의 관성이 지속되고 있었던 것이다.

한국의 문화사에서 통일 신라는 문화의 융성기로 평가되고 있다. 그 원동력은 당(唐)나라와의 교류를 통하여 간접적으로 현재의 중동, 유럽 문화까지 받아들였기 때문이다. 즉, 고대판 글로벌화의

5　若松範彦, 『もう一度學びたい日本の歷史』(東京 : 西東社,2006), pp. 60—1.

일본 열도는 왜 후진하는가

산물이다. 당나라 역시 육로(장안長安〈현재의 서안西安〉으로부터 유럽까지 연결)와 해로(현재의 광주廣州, 항주杭州에서 출발하여 바그다드를 경유해 유럽과 연결)의 양대 실크 로드를 통하여 중동 및 유럽의 문화를 적극적으로 받아들여 세계 문화의 중심지(선진국)를 의미하는 중화(中華)로 불리기 시작했다.

중국은 이미 고대 시대부터 '소프트파워'를 전 세계에 투영하고 있었던 것이다. 이때부터 동아시아는 중화를 중심으로 하는 피라미드형 국제 질서가 형성되기에 이른다. 그 구조는 최고점의 1류국 중국, 2류국 통일 신라, 3류국 일본, 4류국 기타 등으로 구성되었다.

한일 간의 악연의 발단

한일 관계가 재개된 것은 교토(京都)를 수도로 한 무로마찌 바쿠후(1338, 室町幕府: 막부는 현재의 내각에 해당) 시대 일본에 근거지를 둔 해적(倭寇) 활동이 한반도 주변에서 횡행하면서부터였다. 고려 정권이 이 해적 활동을 근절하기 위하여 무로마찌 바쿠후에 해결책을 논의하자고 제안한 것이 계기가 되어 잠시 동안 한일 관계가 재개되었다. 그러나 고려로부터 조선으로의 왕조 교체기의 혼란 속에서 그 관계는 활성화되지 못했다.

조선 왕조가 안정화된 이후, 여전히 성행하고 있던 왜구 문제를 논의하고자 한일 관계가 재개될 수 있었다. 그러나 왜구 문제를 해결할 수 없었다. 그 이유는 바쿠후(중앙 정부)와 한(번藩, 지자체) 관계가 독립적(분권화 행정 체제)이어서 중앙 정부가 지방 정부를 통제할 수 없었기 때문이다. 이에 조선 왕조는 왜구들에게 조선 영해에서의 무역업 허가를 내주면서 왜구 문제를 일단락지었다. 그 허가증이 한일 간 최초의 '취업 비자'에 해당될 것이다. 또 이들이 거주할 수 있도록 세 항구 도시(삼포三浦, 현재의 부산, 진해, 울산)를 개방했다.

그것도 잠시 뿐, 한일 간 악연의 기원이 된 1592년 임진왜란(壬辰倭亂, 일본은 조선출병朝鮮出兵이라고 함)을 계기로 양국 간의 관계는 단절되기에 이른다. 이때 도요토미 바쿠후(豊臣幕府)는 도자기, 인쇄기술, 주자학(유교) 등을 조선으로부터 유입해 왔다. 강제로 끌려온 도공(陶工)들을 집단 거주시킨 지역이 바로 필자가 근무하고 있는 대학의 인근에 위치하고 있는 도기야마(陶器山)라는 지역이다.

언젠가 이 지역을 지나가다 온갖 간판과 학교명에까지 도기(陶器)라는 명칭이 들어가 있는 것을 보았다. 궁금해서 인근의 일본인들에게 그 연원을 물어보니, 바로 임진왜란 때 강제적으로 끌려온 도공들의 집단 거주지였다는 것이다. 그들의 귀국 염원이 얼마나 간절했을까를 잠시 생각해 봤다.

임진왜란을 계기로 조선은 일본과의 관계를 일절 단절하고 양국은 대립의 길을 걷게 된다. 이때 잘 알려진 하멜 사건(1653, 일본

남부의 나가사키長崎와 네덜란드를 오가던 무역선이 태풍으로 제주도에 표류한 사건)은 국내의 누군가가 조선을 전복시키기 위하여 외부와 내통하고 있다는 의심을 증폭시켰다. 그 결과 쇄국의 빗장은 일본이 1876년 강제적으로 해제하기까지 더욱 단단히 닫히게 되었다. 이로써 한일은 돌아올 수 없는 다리를 건너게 된다.

유럽 문화와의 접촉

그 반면, 일본은 도요토미 바쿠후를 무너뜨리고 등장한 도쿠가와 바쿠후(1603, 德川幕府) 시대 이후 포루투갈, 네덜란드를 중심으로 한 유럽과의 교류를 더욱 확대하면서, 유럽의 무기, 과학 기술, 정부 구조의 우월성에 눈을 뜨게 된다. 이것을 계기로 지배 계층 간에는 일본이 강대국이 되기 위해서는 "서구를 공부해야 한다"는 인식이 급속도로 퍼져 나갔다. 특기할 것은 유럽과의 교류를 통하여 상업 활동을 부국강병의 중요 조건으로 인식하게 되었다는 점이다.

그 일환으로 귀족계급에게만 허용되던 상업 활동을 이때 평민 계급에까지 허용했다. 당시는 쇼군(將軍, 현재의 총리總理에 해당)과 바쿠후(내각)→다이묘(大名, 현재의 지사知事에 해당, 쇼군과는 독립적 존재)와 한(藩, 지자체)→사무라이(侍)→평민(農工商)→천민(賤民)으로 구성되는 계급 사회였다. 상업 활동은 사무라이 계급까지만 허용되고 있었다.

우리가 알고 있는 바와는 달리, 사무라이 계급은 칼을 휘두르는 존재가 아니라, 사회 통합의 구심점 역할을 맡고 있던 최하위 귀족층이다. 이들이 훗날 메이지 유신의 실천 행동대가 된다. 도쿠카와 바쿠후는 '라쿠이찌라쿠자레이(樂市樂座令)'를 통하여 상업 활동을 평민계급에까지도 허용하여 현대 일본 자본주의의 기초를 놓을 수 있었다. 일본인들이 가업을 대대손손 승계하는 것을 자랑스럽게 여기는 것도 여기에서 연유한다.

그 반면 중국과 조선은 유교의 사회계급에서 보듯이 상업 활동을 멸시하여 자본주의가 싹틀 수 있는 여지를 키우지 못했다. 지배계급(양반)은 생산 활동에 종사하지 않는 것을 미덕으로 여겼다. 농업을 천하 제일의 산업으로 간주하고, 이익을 추구하는 모든 활동을 천시했다. 기껏해야 조선 중기 이후부터 보부상(褓負商)이라는 보따리 장사꾼이 활동하고 있었을 뿐이다. 사실 한국이나 중국의 경우, 자본주의가 본격적으로 싹트기 시작한 것은 서양 또는 일본에 의한 강제 개방 이후부터라고 봐야 할 것이다.

도쿠가와 바쿠후가 유럽과의 교류를 확대하면서 우려한 것은 선교사들이 입국하면서 생소한 사상, 즉 천주교(일본에서는 종파와 관계없이 통상 '그리스트교'라고 통칭)를 퍼뜨리고 있다는 점이었다. 이미 1596년 도요토미 히데요시(豊臣秀吉)는 26명의 신도들을 처형한 바 있다. 도쿠가와 바쿠후(德川幕府)는 1612년 선교사 추방령을 내려 이른바 '천주교 금지령'을 선포했다. 서구의 천주교에 대한 경계심이 고조되고 있었음을 보여 준 사건이었다.

이것을 계기로 도쿠카와 바쿠후는 유럽과의 교류를 활발히 하는 한편, 내부 단속을 강화하고자 제한된 글로벌화의 길을 걷고 있었다. 누군가가 관계 수립을 요구하면 "무력으로 쫓아낸다(追い拂い)"는 것이 도쿠가와 바쿠후의 원칙이었다. 대외 관계를 "도움이 될 때는 맺되, 그렇지 않으면 거부한다"는 원칙하에 이중적으로 접근하고 있었던 것이다.

서구 열강으로부터의 글로벌화 압력

그 빗장을 푼 것이 바로 구로후네(黑船) 사건이다. 당시는 대형 선박이 석탄을 원료로 쓰고 있었기 때문에 멀리서 보면 검은 연기 때문에 검게 보인다고 해서 붙여진 명칭이다. 1853년 미국의 페리 제독(提督, Matthew Calbraith Perry/Matthew C. Perry, 1794년 4월 10일—1858년 3월 4일)이 이끄는 4척의 함선(艦船)이 요코하마 만(橫浜灣)에 나타나 통상 관계를 요구했다. 바쿠후의 방침대로 처음에는 요구를 거부하고 무력으로 쫓아내고자 했다. 그때 들려온 것이 아편전쟁(1840—1842)의 후유증이었다. 아편전쟁은 영국이 청(淸)나라를 상대로 벌인 아시아 세력과 유럽 세력 간의 최초의 충돌 사건이다.

청나라가 대패한 후, 반 식민지 상태로 전락하고 있음을 목격한 바쿠후는 만일 통상 관계를 거부하고 무력 행사를 통하여 물리친다고 해도 엄청난 후유증을 피할 수 없다고 판단했다. 이 경우, 바쿠후의 지배력이 약화되어 결국 권력의 종말을 맛볼 수밖에 없었다. 사실 이전의 도요토미 바쿠후는 임진왜란의 후유증으로 급속히 쇠락하면서 도쿠카와 세력의 도전에 대응하지 못하고 지배력을 상실하게 되었다. 이러한 교훈을 토대로 도쿠가와 바쿠후는 원래의 방침을 포기하고 수교를 결정하게 된다. 이것이 1858년 7월 29일 맺어진 '미일수호통상조약'이다. 치외 법권(治外法權) 인정, 관세 주권 포기 등의 불평등 내용을 담은 조약이다.

이 조약을 통하여 일본은 비록 강제적이기는 하나 아시아 국가 가운데 중국에 이어 국제 체제에 편입되면서 서구의 우월성과 군사력을 앞세운 '중상주의적 통상 정책'을 경험하게 되었다. 즉 글로벌화의 압력을 받게 된 것이다. 그 후유증은 바쿠후가 감당하기에는 역부족이었다. 미국에 이어 유럽 각국과 통상 관계를 수립하게 되면서 서구의 값싼 상품이 밀려 들어온 것이다. 국내 산업은 도산에 직면하고, 실업자가 양산되고, 인플레가 만연했다. 일본 경제는 급속도록 악화되어 사회적 혼란이 야기되자 도쿠가와 바쿠후는 통치력을 더 이상 유지할 수 없게 되었다. 국가 능력의 한계를 뛰어넘는 쇼크가 밀어닥친 것이다.

이에 바쿠후는 중대한 결단을 내리게 된다. 국가 리더십을 강화하기 위하여 중앙 집권적 왕정복고(王政復古)를 결의한 것이다. 이에 대한 저항도 만만치 않았다. 서구를 오랑캐로 간주하고 쫓아내야 한다는 양이(攘夷)를 명분으로 그들과의 관계 수립을 반대하는 한(藩)도 적지 않았다. 대표적으로 야마구찌(山口)에 본거지를 둔 쬬슈 한(長州 藩)의 저항은 도쿠가와 바쿠후의 통치 능력에 결정적 치명타를 입혔다.

결국, 1864년 영국을 비롯한 서구 4개국(영, 불, 네덜란드, 미)의 연합 함대가 나서 그 저항을 제압하면서 반 서구 움직임은 일단락될 수 있었다. 그 직후 쇼군은 국가 경영 능력의 한계를 스스로 인정하고 천황에게 권력을 이양하는 결단을 내리게 된다. 그것이 1867년 11월 9일 교토의 니죠죠(二條城)에서 결행된 다이세이호칸(大政奉還)이다.

이로써 일본의 문화사에서 바쿠후 시대는 종말을 맞게 된다. 에도(江戶, 지금의 도쿄) 시대의 시작이다. 지금도 당시 회의 장소로 쓰였던 작은 방이 잘 보존되어 있다. 앞서의 타이카노가이신(大化の改新)에서 본 바와 같이, 일본은 생존권이 위협을 받으면 천황을 중심으로 하는 중앙 집권 체제가 탄생하고 있음을 알 수 있다.

통일신라의 탄생이 타이카노가이신을 낳은 압력으로 작용하였다면, 서구 열강의 중상주의는 다이세이호칸(大政奉還)을 낳는 압력으로 작용했다. 공통적으로 전자가 중국을 통한 유럽과의 간접적 교류 확대를 낳았다면, 후자는 서구 열강의 압력으로 서구와의 교류 확대를 낳는 원동력이 되었다. 규모와 성격 면에서 차이가 있으나, 글로벌화는 계속되고 있었던 것이다.

2. 메이지 유신·글로벌화·팽창주의

메이지 유신과 글로벌화

일본은 일찍부터 유럽과의 교류를 통하여 그들의 우월성을 배우고 있었다. 구로후네 사건과 그 이후의 서구와의 관계 수립은 열강의 우월성을 확인할 수 있는 계기였다. 나아가 일본이 열강 간의 세력 다툼 속에서 희생양으로 전락할 수 있다는 위협을 체험하게 되었다. 국제 체제로의 강제적 편입, 즉 근대적 글로벌화로 야기된 생존권 위협이 1868년 메이지 천황(明治天皇) 시대를 열었다. 후쿠자와 유기찌(藤澤諭吉, 엔화의 1만 엔 권 인물 사진, 게이오 대학慶応大學 설립자)의 주도로 1868년 10월 23일 단행한 메이지 유신은 바로 그 산물이다.

이것은 구체제와의 철저한 결별을 선언한 '근대 국가 만들기'의 대개혁이었다. 그 목표는 부국강병이었다. 특히 100년 후 서구 열강과 어깨를 나란히 할 수 있을 정도의 부국강병을 달성하는 것이 메이지 유신의 최고 목표였다. 우연인지, 일본은 실제로 100

년 후인 1968년 세계 2위의 경제 대국으로 부상하게 된다.

메이지 유신은 서구 열강으로부터의 글로벌화의 압력 속에서 국가 시스템을 국제적 기준 및 보편적 가치에 맞춰 개혁하려는 근대화 작업이었다. 중앙 집권화 체제를 구축하고자 당시 행정 단위였던 한(藩)과 그 수장인 다이묘(大名) 제도를 폐지하고, 새로운 행정 단위로서 도도후켄(都道府縣, 한국의 시도市道에 해당)과 그 수장인 지지(知事) 제도를 도입했다. 지지는 천황이 임명했다. 중앙에는 6개의 성(省)을 설치하여 상의하달(上意下達) 식의 권위주의적 의사 결정 시스템을 구축했다. 현재의 47개의 도도후켄의 지방 행정 구조와 관료주도형 국가 경영 체제는 이때의 개혁으로 탄생한 것이다.

관료제도를 이끌게 된 초대 총리가 한국과 악연이 있는 이토오 히로부미(伊藤博文, 1885년 12월−1896년 8월 재임)이다. 그리고 군사 통신 분야에서 서구의 기술을 도입하여 군사 대국을 구축하고자 했다. 근대화된 군사력을 갖추기 위하여 프랑스식의 군사 제도를 도입하고 징병제를 실시하였다. 그밖에 근대적 교육 제도를 도입하여 서구형의 대학을 설치했다. 일본의 주요 인재 양성 기구가 된 국립 대학(구 제국 대학)과 게이오, 와세다 대학 등의 사립대학은 메이지 유신 위에 추진된 교육 개혁의 산물이다.

메이지 유신을 통하여 탄생한 것이 독일의 발전 모델을 원형으로 하는 일본형의 발전 모델, 즉 관료, 재벌, 군부를 대주주(株主)로 하는 '주식회사 일본' 모델이다. 일본은 부국강병책으로 영미식 발전 모델(시장 경쟁 중시)과 독일식 발전 모델(국가 리더십 중시) 중에서 후자를 선택한 것이다. 국가가 리더십을 행사하는 모델이 효율적일 것이라고 판단했기 때문이다. 먼저 수립한 서구와의 외교 관계 그리고 영국에 유학한 경험이 있는 지식인의 역할 등을 고려한다면 전자가 유혹적일 수 있었다. 그러나 일본은 후자를 선택하는 '실용주의적' 태도를 보였다. 독일이 영국의 위협에 맞서 리스트(Friedrich F. List)가 제창한 국가 주도형 모델을 선택했던 것과 마찬가지로, 일본에서도 서구의 압력에 대응하려면 단시일 내에 부국강병을 이룩해야 한다는 현실 인식이 크게 부상하고 있었다.

관료는 대주주 간의 상부상조 네트워크를 주도했다. 현재의 관료주도형 국가 경영은 이처럼 뿌리가 깊다. 이 모델이 성공하기 위해서는 관료의 우월한 현실 인식과 진단 능력이 절대적으로 중요하다. 그리고 간과할 수 없는 것은 일찍이 유럽과의 교류를 통하여 과학 기술의 자급자족을 강대국의 조건으로서 중시했다는 점이다. 그렇지 못할 경우, 서구와의 관계에서 '종속적 악순환'에 빠질 수 있다는 현실주의 인식을 갖고 있었다. 이것이 훗날 일본을 과학 기술 강대국으로 가게 하는 관성(慣性)을 낳았다.

글로벌 팽창주의의 출현

근대적 틀을 갖춘 일본은 서구 열강의 압력에 맞서기 위하여 부국강병 책략을 구상하게 된다. 그 방법론으로 대두된 것이 조선 침략론, 즉 정한론(征韓論)이다. 한국의 교과서에는 일본이 서구에 대항하기 위해서 무엇보다도 값싼 노동력과 원료를 확보해야 했기 때문에 정한론이 거론되었다고 기술되어 있다. 이보다는 서구 열강의 압력으로 이루어진 강제적 글로벌화의 영향을 강조하지 않을 수 없다.

서구 열강의 진출 이후, 경기 침체가 국민의 생활 기반을 위협하자 사회적 불만이 고조되고 있었다. 이때 전쟁이야말로 국민의 불만을 해소할 수 있는 최선의 수단이자 통치력을 강화할 수 있는 수단이었다. 나아가 서구 열강이 주도하는 약육강식(弱肉强食)의 국제 질서에서 일본이 대외 팽창을 하지 못할 경우, 역으로 서구 열강의 식민지로 전락할 수 있다는 위기 의식이 크게 작용하고 있었다.

당시 조선은 잘 알려진 대로 대원군(大院君)을 중심으로 한 보수파가 빗장을 단단히 잠그고 있었다. 이른바 쇄국(鎖國) 노선이다. 더구나 그 며느리인 민비閔妃(훗날 명성황후明成皇后)와의 갈등으로 국내 질서는 혼란에 빠져 있었다. 대원군은 왜 민비를 며느리로 간택하여 역대 최악의 시아버지와 며느리의 관계를 자초했을까? 잘 알려진 대로 대원군은 사색당파가 조선의 쇠락을 가져온 원인이라고 간주하고 전국의 서원(書院)을 폐지했다. 이와 함께 왕권을 약화시키고 있는 외족벌(外族閥) 정치를 타파하기 위하여 가급적 외족의 존재감이 미미하거나 아예 없는 며느리를 맞아들이고 싶어 했다. 그래서 간택한 며느리가 민비였다.

그러나 민비가 간택되자 여기저기서 그녀의 친인척이 나타나 민씨 족벌(閔氏族閥)을 형성하기에 이른다. 민비는 그 족벌을 등에 업고 대원군의 권력에 도전했다. 이것이 대원군과 민비 간 악연의 시발점이었다. 권력 투쟁으로 국가 리더십이 구심점을 잃게 되자, 국내 질서는 더욱 불안정해졌다.

조선으로의 팽창: 정한론(征韓論)

한반도 진출 기회를 틈틈히 엿보던 일본은 그 틈을 노려 정한론의 첫발을 내딛게 된다. 그 양상은 1853년 도쿠가와 바쿠후(德川幕府)가 페리 제독에 맞서 벌였던 신경전과 매우 유사하다. 1875년 일본은 해저 탐사를 구실로 강화도 앞바다에 상선으로 위장한 운요호(雲揚號)를 파견하고 조선에 통상 관계를 요구했다. 일본이 청과 영국 간에 벌어진 아편전쟁의 후유증을 목격하면서 "무력으로 쫓아낸다"는 원칙을 포기하고 수교를 단행했던 것과는 달리, 쇄국의 길을 걷고 있던 보수파의 수장인 대원군은 포격으로 대응했다.

조선 수군이 참패하면서 1876년 2월 27일 조일수호조약(朝日修好條約, 일명 강화도 조약)이 체결된다. 그 조약의 내용도 매우 흡사하다. 조선은 치외법권을 인정하고, 관세주권을 포기하며, 그 밖에 부

일본 열도는 왜 후진하는가

산, 인천, 원산을 개항(開港)한다는 불평등 사항이 조약의 주요 내용이다. 일본의 한반도 진출은 조선의 보수파와 일본의 글로벌파 간의 파워 게임에서 보수파가 패함으로서 이루어진 강제적 글로벌화의 시작이었다.

이것을 계기로 일본은 한반도 정복을 본격적으로 시도하게 된다. 이를 위해서는 우선 조선에 대하여 커다란 영향력을 행사하고 있던 청나라의 간섭을 제거해야 했다. 임오군란(壬午軍亂, 1882)을 기점으로 청의 영향력은 더욱 커지고 있었다. 일본은 개화파를 조정하여 갑신정변(甲申政變, 1884)를 사주했으나 3일천하(三日天下)로 끝나고 말았다. 국내 질서가 혼란을 겪게 되면서 농민의 불만이 고조되고 있었다. 그 불만은 전라도 지역에서 갑오농민전쟁(甲午農民戰爭, 1894, 동학혁명/운동東學革命/運動이라고도 함)으로 나타났다. 이를 진압하고자 조선 정부는 관군(정부군)을 파견했으나 농민군에 패하고 말았다.

이에 당황한 민비 정권은 급히 일본에 출병을 요청하였다. 일본은 현대적 의미에서의 집단적 자위권을 행사하여 군대를 파견했다. 일본군과 농민군이 조우하여 결전을 벌인 곳이 지금의 충청남도 공주(公州) 지역이다. 그곳에는 한양까지 다다르지 못한 농민군의 한(恨)을 어르는 비석이 세워져 있다. 이것을 계기로 일본의 조선에 대한 영향력은 점차 커지고 친일 내각까지 구성하게 된다. 당연히 청의 반발이 거세졌다. 그 결과 인천 앞바다에서 최후의 결전인 청일전쟁(淸日戰爭, 1894−95)이 벌어지게 되었다.

국제 관계에서 볼 때, 청일전쟁은 메이지 유신이 주도한 일본의 근대화 세력과 청의 전근대화 세력 간의 한반도를 둘러싼 패권 경쟁이다. 이른바 글로벌파(일)와 보수파(청) 간의 충돌이다. 국제 사회의 예상과는 달리, 청은 무력하게 패하고 말았다. 일본이 국제 질서에서 강대국으로 발돋움하는 첫 관문이었다. 그 결과 청은 일본에게 대만과 랴오뚱 반도(遼東半島, 지금의 따롄大連 지역)를 넘겨주고 거액의 배상금(3억 엔)을 물게 되는 시모노세키 조약(下關條約)을 1895년 4월 체결하게 된다.

일본의 승리는 세계를 놀라게 했다. 당시 독일은 칭다오(靑島)에 진출해 있었는데, 빌헬름 II세 황제는 일본의 청일전쟁 승리와 그 후 그 군함이 따롄으로 오가는 모습을 보고 일본을 '황화(黃禍, yellow peril)'라고 표현했다. 즉 일본의 힘은 공포의 대상이라는 것이다. 황화는 원래 칭기즈칸의 몽골 군대가 유럽 원정에 나섰을 때, 유럽인들이 황색 인종을 공포의 대상으로 여기면서 붙여진 이름이다.

여기서 하나 짚어볼 것이 있다. 오늘날 중일 간에 영토 분쟁이 일고 있는 동중국해(東中國海) 상의 센가구열도/띠오위다오(尖閣諸島/釣魚島)가 청일 전쟁의 부산물로 일본 오끼나와껜(沖繩縣)으로 편입되었다는 사실이다. 현재 일본 정부는 당시 주인 없는 무인도라고 판단하고, 1895년 1월 14일 내각 결정으로 편입시켰다고 주장하고 있다. 국제사법재판소로 가자는 중국의 제안에 대하여 일본은 절대 분쟁의 대상이 될 수 없다고 주장한다. 엄연히 그 섬은 대만 사람들이 어업 활동을 하던 곳이었다. 지금의 영토 분쟁은 약육강식의 논리가 지배하던 당시의 국제관계를 반영하고 있는 것이다.

그런데 덩샤오핑 시대까지 중국은 영유권을 전혀 주장하지 않았다. 덩샤오핑은 경제 건설을 우선 과제로 설정하고, 될 수 있으면 저자세를 유지하는 것이 국익에 도움이 된다고 판단했다. 타국과의 분쟁을 일절 원치 않았다. 중일 국교 정상화(1972) 당시, 오히려 일본 측은 영유권을 분명히 하자고 제안했다. 이에 대하여 중국은 지금의 세대는 그것을 다룰 지혜가 없으니 후대에게 맡기자는 이른바 '선반 위에 올려놓기(棚上げ, 보류)'를 제안하여 타협점을 찾았다.

중국의 실용주의 노선이 돋보인다. 장쩌민(江澤民), 후진타오(胡錦濤) 시대 들어서 중국의 대외 행동은 변화하기 시작했다. 경제력을 바탕으로 필요하다면 책임 있는 국제사회의 일원으로서 적극적으로 대외 활동을 펼친다는 것이다. 이른바 '힘의 외교'로 전환한 것이다. 현재의 중국의 영유권 주장은 여기에 연유하고 있다.

제2의 근대화와 패권국으로서의 등장

일본은 막대한 전쟁 배상금을 토대로 제2의 근대화 작업에 돌입하게 된다. 주식회사 일본의 대주주 관계, 즉 관료, 재벌, 군부 간의 관계는 더욱 밀접해질 수밖에 없었다. 특히 눈에 띠는 것은 ㈜일본이 전략적으로 육성한 군수 산업이다. 그 성과는 러일전쟁 (1904년 2월 8일 발발)에서 빛을 발했다. 한반도에서 중국의 영향력이 사라지자 조선은 러시아 세력에 의존하여 일본의 간섭을 견제하고자 했다. 당시 러시아는 강대국으로서 중국 진출을 노리고 있었다. 그 일환으로 독일과 프랑스와 연합하여 랴오퉁 반도(遼東半島)를 중국에 반환하라고 시모노세키 조약 체결 6일 후인 4월 23일 일본에 압력을 가했다. 이것이 삼국간섭(三國干涉)이다. 일본은 그 압력에 굴복하여 반환했다.

그 후 랴오퉁 반도에 진출한 러시아는 그로부터 동진(東進)하여 만주(滿洲) 지역까지 점령하기 시작했다. 여기에 머물지 않고 한반도로까지 남하(南下)하려는 움직임을 보였다. 그것을 묵인할 경우, 일본의 한반도 지배력이 위험에 노출되는 것은 분명했다. 이에 일본은 러시아의 세력 팽창을 견제하고 있던 영국과 제휴하고자 공동의 적을 두고 영일 군사 동맹(1902년 1월 30일)을 맺게 된다. 일본으로서는 한반도에서 독점적 영향력을 행사하기 위해서 러시아의 세력을 제거해야 했기 때문이다.

조선은 청의 패배 이후 러시아에 의존하여 일본을 견제하려고 했다. 고종이 1896년 2월 11일부터 이듬해 2월 25일까지 러시아 공사관에 머문, 이른바 아관파천(俄館播遷)은 당시 대한제국의 생존 전

략을 보여준다. 러시아의 호의를 얻고자 친러 내각을 구성하기에
이르렀다. 러시아로서도 한반도에 진출할 수 있는 교두보를 확보할
수 있는 좋은 기회였다. 일본은 러시아의 한반도 영향력을 견제하
기 위하여 그의 만주 지배권을 인정하는 대신, 일본의 한반도 지배
권을 인정해 달라는 타협점을 제안했다.

그러나 러시아의 거절로 협상이 결렬되자, 당시 여순(旅順) 항을
거점으로 하는 러시아 함대가 인천 제물포로 향했다. 이를 간파한
일본은 사세보(佐世保) 항을 거점으로 하는 함대를 파견하여 무력시
위에 돌입했다. 양 세력은 1904년 2월 8일 오늘날 인천 제물포 지
역에서 충돌하게 된다. 그해 4월 13일 러시아 함대의 철수로 러일
전쟁은 일본의 승리로 끝났다. 그 결과 일본은 한반도에 대한 독점
적 지배를 강화하면서 대한제국의 외교권을 박탈하는 을사보호조
약(乙巳保護條約, 1905)을 강제적으로 체결하기에 이른다. 이로써 대한
제국이라는 존재는 국제사회에서 사라지고, 실질적인 식민지화의
운명을 맞게 되었다.

독도 분쟁의 기원

이때 일본이 주목한 곳이 독도(獨島, 일본명 다케시마竹島)이다. 이
곳은 에도(江戶, 현재의 도쿄) 시대부터 일본 어부들이 조선의 허가
를 받아 어업 활동을 하던 섬(원래의 일본명은 松島)이었다. 전략적으

로 독도는 러시아 함대의 랴오퉁 반도와 블라디보스톡 항(港) 간의 진출입을 감시할 수 있는 아주 중요한 망루였다. 그 가치를 눈여겨 보던 일본은 러일전쟁 이후인 1905년 1월 독도를 주인 없는 섬으로 판단하여 내각 결정으로 시마네겐(島根縣)으로 편입시켰다. 그것이 해방과 함께 한국령으로 되돌아온 것이다. 이승만 정권은 비극의 말로를 맞았지만, 전후의 혼란 속에서도 독도 영유권을 지킨 것은 최고의 치적이 아닐 수 없다. 지금도 일본 정부는 한국의 '실효 지배', '불법 점거'라는 표현으로 독도 영유권을 주장하고 있다.

흥미로운 것은 일본의 대학생이나 성인들은 학창 시절 독도 얘기를 들어본 적이 없다는 점이다. 최근 매스컴을 통해서 알게 되었다고 한다. 최근 들어서야 일본의 교과서는 독도를 자국령으로 기술하고 있다. 전전의 시대로 되돌아가려는 의도가 아닌가 하는 의구심마저 든다. 앞서 살펴본 센가쿠 열도와 마찬가지로 독도도 당시의 약육강식의 국제 질서가 낳은 분쟁의 상징이다. 현재의 영토 분쟁과 함께 전전의 일본의 침략 행동은 한중일 관계를 불안정하게 만드는 주요 원인으로 작용하고 있다. 경제적 상호 의존 관계는 나날이 높아지는 반면, 정치적 상호 의존 관계는 후퇴하고 있는 불균형 관계를 3국 관계의 '패러독스'라고 해도 좋을 것이다.

아이로니컬하게도, 한중일 정치인들은 이것을 자신의 지지 기반을 넓힐 수 있는 좋은 정치적 선전 수단으로 악용하고 있다. 일본의 정치인들은 지지 기반이 위협을 받고 있다고 판단하면 야스

일본 열도는 왜 후진하는가

쿠니 신사(靖國神社)를 방문하여 소위 극우파를 자극한다. 한국의 경우도 마찬가지이다. 김영삼 정권은 집권 기간 내내 '역사 바로 세우기'를 명분으로 전전의 유산에 집착하면서 1997년 외환 위기를 자초하는 악수를 두었다.

중국도 권력 기반을 공고화하기 위해 특히 장쩌민 정권 이후 난찡(南京) 대학살 등의 전전의 유산을 단골 메뉴로 올려 놓는다. 3국의 행동은 지금도 그렇고, 앞으로도 변함이 없을 것이다. 최근에는 전전의 유산을 세계문화유산으로 등재하려는 3국 간의 경쟁이 불붙은 듯하다. 돌이켜 보면 김영삼 정부가 반일 시위책으로서 구 중앙청 건물을 철거한 것은 아쉽기만 하다. 그것을 그대로 보존하여 후대에 역사 교육장으로 활용하는 것이 훨씬 가치 있는 역사 바로 세우기가 되지 않았을까 한다.

제2차 세계대전의 소용돌이에 빠지다

러일전쟁 이후, 군부가 (주)일본의 핵심 대주주가 되면서 일본의 글로벌화는 팽창주의로 치달았다. 일본은 전시형 국가로 변모되고, 침략 전쟁의 길로 들어서게 된다. 그것이 중일전쟁(1936)을 낳았고, 나아가 일본은 1940-41년 미국을 상대로 진주만(하와이) 공격을 감행함으로써 제2차 세계대전의 소용돌이 속으로 빠지게 된다. 여기에는 약육강식의 논리만이 적용되었을 뿐이다.

전쟁이 낳은 결과는 참으로 참혹했다. 현재도 일본에는 오키나와를 비롯하여 곳곳에 미국과의 전투나 공습 흔적이 남아 있다. 필자가 거주하고 있는 오사카후(大阪府)의 사카이시(堺市)는 지금도 그렇지만 당시 철강 산업이 번창하던 곳으로 전시에는 일본 군수 산업의 대표 지역이었다. 2004년 5월, 버스 정류장에서 우연히 알게 된 할머니를 통하여 이곳이 일본 군수 산업의 메카였기 때문에 전쟁 말기 미군의 공습이 끊일 날이 없었다는 얘기를 들었다.

인명 피해를 보면, 대략 일본인 전사자 수는 230만 명, 민간인 사망자 수는 80만 명, 그리고 중국인 전사자 수는 132만 4천 명, 민간인 희생자는 1000만 명에 달하는 것으로 집계되고 있다. 한국도 일본의 직접적 지배를 받으면서 수만 명에 달하는 강제 징용자, 상상할 수 없는 위안부, 그리고 씻을 수 없는 수탈을 겪었다. 한중일 관계가 경제적 상호 의존 속에서도 진전하지 못하고 있는 것은 제2차 세계대전의 유산이 족쇄가 되었기 때문이다. 그 족쇄는 여전히 현재 진행형이자 미래 진행형이다.

전후 참전 일본인들은 보상을 받기는 커녕, 잘못된 전쟁의 주범으로서 주변으로부터 눈초리를 받았다고 한다. 가끔 몇몇 용기 있는 참전 일본인들이 전시 때의 잘못된 행동을 참회하는 경우를 볼 수 있다. 하지만 그것을 치욕으로 생각하는 참전 일본인들이 훨씬 많다. 필자도 그분들을 만나고자 했으나 그 자손들을 통하여 얘기를 들었을 뿐이다. 야스쿠니 신사에 봉안될 정도의 유명 인사가 아닌 이상, 참전 일본인들은 그 이력을 거론조차 하지 않는다.

2011년 2월 아들의 입학 시험을 지켜보기 위해서 도쿄 대학을 방문한 적이 있다. 그때 전쟁을 치욕으로 생각하는 평범한 일본인들의 눈초리를 의식해서인지 구석진 곳에 참전 중 전사한 당시의 도쿄 대학 의대생을 기리는 초라한 비석을 보았다. 일본의 젊은이들에게 '애국'이 없는 것은 전후 교육의 영향도 있겠지만, 그보다 참전 일본인들에 대한 사회적 멸시가 크게 작용하고 있기 때문이 아닐까 한다.

잔류 고아와 탈북민

전쟁의 후유증으로 최근 거론되고 있는 잔류 고아(殘留孤兒, 공식적으로는 中國在留邦人으로 부름) 문제를 거론하지 않을 수 없다. 2009년 4월, 수업의 일환으로 최근 귀국한 잔류 고아 몇 분을 초대하여 그 당시의 상황을 들을 수 있는 기회가 있었다. 그분들은 그때를 생생하게 기억하고 있었다. 일본이 패전하자 중국 동북부(만주)에 생활 근거지를 두고 있던 일본인들은 귀국길에 올랐다. 그때 부모들은 가족 중 걸을 수 없는 2–3세 이하의 유아(乳兒)들은 그곳에 남겨둔 채, 걸을 수 있는 아이들만 데리고 귀국했다고 한다. 현지에 남겨진 유아를 통칭하여 '잔류 고아'라고 부른다. 이들은 대부분 현지 중국인과 결혼하여 가정을 꾸리고, 지금은 노년층에 접어들었다.

　이 문제가 주목을 받게 된 것은 중일 국교 정상화(1972) 직후, 양국이 잔류 고아의 실태 파악에 나서면서부터이다. 1980년 일본인이 첫 혈육을 만나면서 적지 않은 잔류 고아가 생존하고 있고, 그들이 일본의 혈육을 만나고 싶어한다는 소식이 일본 사회에 알려지게 된다. 1981년부터 정부 차원에서 잔류 고아 찾기가 시작되어 많은 잔류 고아가 혈육을 찾아 일본을 방문할 수 있었다. 이들의 일본 정착이 시작된 것이다. 후생성(厚生省)의 발표에 따르면, 2015년 3월 현재 귀국한 잔류 고아는 3,921명, 중국에 잔류하고 있는 고아는 총 269명으로 집계되고 있다.

　귀국한 잔류 고아들은 언어, 풍습 등의 차이로 일본 사회에 적응하기 어려웠다. 그들은 정부의 생활보호, 지원금 등으로 생활했다. 이들은 스스로를 일본 정부의 자국민 포기 정책의 희생양이라고 간주하고, 정부를 상대로 손해배상과 복지 혜택을 요구하는 소송을 제기하고 나섰다. 2005년 오사카(大阪) 지방법원은 청구권을 기각했으나, 그 이듬해 고베(神戶) 지방법원은 국가의 책임을 인정하고 막대한 보상금을 지불하도록 국가에 명령을 내렸다. 그렇다고 그것이 일률적으로 적용되는 것은 아니었다. 각 지방에 따라서 법원이 기각하는 경우가 더 많았다.

　잔류 고아의 대부분은 힘겹게 귀국했으나, 국가는 그들의 노후 생활보호를 포기한 것이다. 정부는 그들을 두 번씩이나 팽개친 셈이다. 그들은 생존권 자위를 위해서 정부의 직무유기에 대하여 손해배상 소송으로 대응했다. 그러자 아베 정부는 소송과는 별도로 2007년 12월 5일 '중국 잔류 일본인 지원법(中國殘留邦人支援法)' 개정에서 노령 기초 연금, 공적 연금제도, 의료 복지 등을 골자로 한 지원책을 제도화하기에 이른다.

　귀국 잔류 고아들은 모두 노령층이다. 그들은 홀로 귀국한 것이 아니라, 대부분 직계 가족과 함께 귀국했다. 잔류 고아 한 명당 함께 귀국한 가족 수는 보통 2-30명이다. 이들이 집중적으로 거주하고 있는 곳이 현재 필자가 재직하고 있는 대학 부근인 오사카후(大阪府)의 사카이시(堺市) 남부 지역이다. 그 연유로 잔류 고아의 손자, 손녀들을 많이 접할 수 있었다.

　그들은 초등학생 때 입국하는 경우가 대부분이다. 그들뿐만 아니라 온 가족은 생소한 언어와 문화 때문에 적지 않은 갈등을 겪었다고 한다. 한 여학생은 초등학교 2학년 때 입국하였는데, 학교에서 언어 소통이 안돼서 많은 놀림을 받고 폭력을 행사한 적이 있다고 했다. 그 트라우마 때문인지 대학을 졸업한 후에는 중국으로 돌아가고 싶다는 학생도 적지 않다.

　일본의 매스컴은 잔류 고아를 거론할 때, 귀국 길에 오른 일본인들이 한반도를 통과하면서 겪은 얘기를 집중 조명한다. 한반도를 경유할 때, 한국인들이 이들에게 강도, 강간, 살인 등의 보복 공격을 하여 희생자가 적지 않았다는 것이다. 내 나름대로 확인하기 위하여 앞서 소개했던 수업 시간을 통하여 질문을 던진 적이 있다. 그분은 그런 일을 겪지 않았다고 한다. 아직까지 한반도나 만주 지역에 생활 근거지를 두고 있던 일본인들이 귀국할 때 그런 불상사를 겪었다는 얘기를 들은 적이 없다. 사실 여부를 떠나서 매스컴이 위안부 문제를 희석시키기 위하여 의도적으로 유포하고 있지 않나 하는 의구심마저 들었다.

잔류 고아의 얘기를 들으면서 탈북자들과 북한동포를 떠올렸다. 굳이 여기에서 소개하고자 하는 것은 이것이야말로 통일 한국이 직면하게 될 커다란 과제가 될 것이기 때문이다. 2015년 6월 현재, 탈북자 수는 3만 명에 육박하고 있다. 이들은 목숨을 걸고 한국으로 입국하여 잔류 고아 이상의 어려움을 겪었을 것이다. 각종 TV 프로그램을 통하여 이들의 현재 생활 실태나 북한의 현실이 알려지고 있다. 남북 통합을 준비하는 단계에서 이보다 더 유익한 정보는 없을 것이다. 방송에 출연한 탈북자들은 그나마 한국 문화에 잘 적응하여 안정된 생활 기반을 갖춘 분들이다. 그 반면, 생존권 자체가 위협을 받고 있는 탈북자들도 적지 않을 것이다. 이들을 보호하는 것은 정부의 자국민 보호 의무에 해당한다.

우리 헌법은 한반도와 부속도서(附屬島嶼)를 영토의 범위로 간주하고 있다. 즉 북한 지역까지를 포함하여 영토의 범위를 규정짓고 있다. 그렇다면 북한에 거주하고 있는 사람들을 한국 정부의 자국민 보호 대상에 포함시키는 것은 당연하다. 한국 정부는 '통일은 대박'이라고 표현할 정도로 통일이 머지않은 장래에 이루어질 것으로 기대하고 있다.

통일 한국을 생각할 때, 정부는 일본의 잔류 고아 문제를 타산지석(他山之石)으로 받아들여야 한다. 국가가 존립하는 가장 중요한 이유, 즉 자국민 보호 책무를 다하지 못한 데 따른 책임론이 분명히 거론될 것이기 때문이다. 자의든 타의든 북한 거주자들이 그 대상에서 포기되었던 것은 부인할 수 없다.

3. 패전 후의 위기와 글로벌화로의 복귀

패전과 미 군정 통치

1945년 8월 15일, 한국인에게는 36년 간의 일제 식민지 통치가 종식된 광복절이다. 그 반면, 일본인에게는 쇼와(昭和) 천황이 그 날 정오 항복을 선언한 패전일(공식적으로는 '종전일終戰日'이라고 함)이다(연합국에는 8월 14일 항복 통보). 그러나 아쉽게도 일제가 한반도를 점령하고 있었다는 이유로 전후 국제질서 재편 과정에서 한국은 패전국으로 분류되는 비운을 겪었다. 전시 중 상하이(上海)에 임시 정부가 엄연히 존재하고 있었음에도 불구하고 승전국으로서의 지위를 전혀 누리지 못했다.

그 이후 일본은 1951년 9월 8일 샌프란시스코 조약의 체결 (1952년 4월 28일 발효)까지 미국이 주도하는 '연합국 최고 사령관 총사령부(General Headquarters, GHQ)'의 군정 통치를 받게 된다. 1951년 4월 11일까지 총사령관으로 재직했던 인물이 한국전쟁 중 인천 상륙작전으로 잘 알려진 맥아더 장군(1880-1964)이다. 동시에 미일 안전보장조약도 체결되었다.

이때 오끼나와는 1972년 5월 15일 반환되기까지 미국령으로 편입되었다. 미국령이기에 본토 일본인의 출입이 자유롭지 못했다. 그곳을 오가려면 미국 정부로부터 비자를 발급받아야 했다. 그 연유에서 지금도 일본 주둔 미군의 70%가 오키나와에 전략적으로 배치되어 있다. 최근에는 미군 기지 이전에 반대하는 오키나와 겐 지방 정부와 중앙 정부가 마찰을 겪고 있다. 또 이것은 일본 정부와 미국 정부 간의 마찰로 비화되고 있다.

전후 국제질서를 구축하는 과정에서 승전국들은 패전국들이 다시 전쟁을 일으키지 못하도록 족쇄를 단단히 채워야 한다는 데 일치하고 있었다. 패전국들이 다시는 전쟁 능력을 갖추지 못하도록 부흥의 싹을 제거하는 것이 승전국의 기본 통치 방침이었다. 독일을 동서로 분할시킨 것도 같은 이유다. 마찬가지로 일본을 분할 지배하자는 안이 거론되기도 했다.

이에 반대한 인물이 국민당과 공산당 간의 내전, 이른바 국공 내전(國共內戰)에서 패하고 1949년 대만(臺灣)에 단독 정부를 수립한 장저스(蔣介石, 1887-1975) 총통이다. 1971년 10월 21일 대만이 중국에 밀려 UN에서 축출되기까지 국제 사회에서 중국을 대표하는 국가는 대만이었다. 그 연유로 일본의 정치인들 간에는 1972년 미중 관계가 개선되고 있을 때, 그에 대한 보은(報恩)으로 장저스가 생존하고 있는 한, 중일 관계를 정상화하지 않는다는 묵시적 합의가 있었다. 그러나 실제로 일본은 1972년 9월 중국과 관계를 정상화했다.

맥아더 사령부는 민주주의 헌법을 채택했다. 국가 권력을 천황에서 내각으로 이전하고, 행정의 분권화, 비핵화 3원칙(핵무기를 만들지도 보유하지도 않고, 외부로부터 반입도 하지 않는다) 그리고 군대 보유 금지(그 대신 국내 치안을 담당할 자위대 조직) 등을 명문화했다. 일본인들이 자랑스럽게 생각하는 이른바 '평화헌법'은 이렇게 만들어졌다. 일부 일본인들 사이에서는 2014년 노벨평화상 후보로 평화헌법을 거론하기까지 했다.

그러나 2014년 7월 1일, 아베(安倍晋三) 정부가 집단적 자위권(자위대 전투 요원의 해외 파견 가능) 행사를 가능하게 하면서 평화헌법은 사라지고 말았다. 그 이전까지는 헌법으로 자위대 전투 요원의 해외 파병을 금지했으나, 아베는 그 족쇄를 스스로 해제시킨 것이다.

일본의 약화를 의도하여 군국주의의 기본틀이었던 '주식회사 일본'의 대주주 중 재벌을 해체하고자 했다. 공산당을 합법화하고, 노조 결성도 자유화하였다. 현 아베 수상은 평화헌법을 맥아더 사령부의 간섭 위에서 태어난 냉전 시대의 기형아라고 간주하여 수치스럽고 열등한 것이라고 평가절하하고 있다. 아베 수상이 전시 중의 유산을 인정하지 않고, 민족주의적 행보를 펼치고 있는 것은 이에 연유한다.

미국 주도 아시아 민주주의의 실패

여기서 지적하고 싶은 것은 미국이 건국 이후 대외 정책에서 '예외주의(exceptionalism)'를 일관적으로 적용해 왔다는 점이다. 미국은 민주주의를 세계로 전파해야 하는 사명을 신으로부터 부여받았기 때문에, 이를 위해서는 무력도 행사할 수 있다는 것이 예외주의이다. 전후 동아시아 국제 질서를 재편하는 과정에서 미국이 각국에 민주주의를 이식하려 한 것도 이에 연유한다. 여기에는 냉전이라는 당시의 국제질서가 적지 않게 작용했으나, 이보다는 미국의 전통적 예외주의가 크게 작용했음을 부인할 수 없다.

그 결과 아시아 국가들은 새 국가 만들기 과정에서 민주주의의 권력 구조를 갖추게 된다. 한국도 이러한 배경에서 미국식 민주주의를 기반으로 하는 건국 작업에 착수했다. 이것을 제1차 동아시아의 '민주화 물결'이라고 한다. 1970년대 후반, 미국 카터 행정부가 인권 외교를 앞세워 박정희 정권을 압박하면서 급기야 주한 미군의 일부를 철수시킨 것은 이러한 예외주의가 미국 외교정책에 뿌리깊게 자리잡고 있었기 때문이다. 현재 미국이 중국에 대하여 인권을 보장하라고 압력을 가하고 있는 것도 예외주의에 근거를 둔다.

그러나 민주주의는 아시아 국가들의 전통적, 사회적 가치와 맞지 않았다. 동아시아 국가들에는 유교적 가치(리콴유李光耀 전 싱가포르 수상은 'Asian Values'라고 함)의 영향으로 일찍부터 국가 우위의 정치 문화, 이른바 권위주의(權威主義)가 뿌리깊게 자리잡고 있었다. 한국이 건국 후부터 5·16 군사 정변 때까지 경험했던 바와 같이, 갑작스런 민주주의의 도입은 사회 혼란만 가중시키고, 저발전 상태를 더욱 악화시킬 뿐이었다.

역설적으로 동아시아 국가 중 민주주의의 토대 위에서 경제발전을 이룩한 나라는 영국의 식민지였던 홍콩 뿐이다. 영국에 유학했던 싱가포르의 리콴유 수상도 애초부터 권위주의에 기초한 발전 모델을 선택했다. 1980년대 후반 들어 한국, 대만은 민주주의로 이전하였지만, 싱가포르는 여전히 권위주의 체제를 유지하고 있다.

냉전 속에서 글로벌화로의 복귀

전후 일본도 마찬가지로 심각한 혼란에 빠지게 되었다. 지인들에 의하면 일본은 기본 의식주가 부족한 상태에서 노조와 좌파의 활동이 절정으로 치달아 생존권이 크게 위협받고 있었다고 한다. 외국 거주 일본인들은 패전국의 국민이라는 오명을 쓰고 인권을 유린당하는 경우도 있었다. 앞서 1858년 일본의 강제적 개방으로 서구 상품이 밀려들어 생존권이 위협을 받고 있었다고 언급한 바 있다. 생존권을 위협받던 일본인들은 캐나다, 하와이, 남미 등으로 집단 이민을 떠나기도 했다. 전후 그곳에서 정착했던 일본인들의 일부가 패전국의 국민이라는 이유로 강제 출국하게 된 것이다.

그 중 캐나다로 집단 이민을 떠난 사례는 잘 알려지지 않은 얘기다. 1900년경 오사카 인근의 와카야마 겐(和歌山縣) 미하마죠(美浜町)에 살고 있던 일본인들은 척박한 환경에서 생존권이 위협을 받게 되자 캐나다로 집단 이민을 떠나 그곳에 정착했다. 전후 패전국의 국민이라는 이유로 미국 정부는 캐나다에 그들을 강제 출국시키라는 압력을 행사했다고 한다. 캐나다 정부는 그들에게 귀화(歸化)하던가 출국하던가 선택하도록 강요했다. 귀국을 선택한 수천 명의 일본인들은 터전을 떠나 고향으로 강제송환되는 인권유린을 겪었다. 귀국한 이후에도 그들의 생존권은 별로 나아지지 않았다.

한국인이 일제의 수탈 때문에 생존권이 위협을 받게 되자 중국 동북부, 러시아 등에 집단 거주했다가 전후 귀국한 사례와 유사하다. 그러나 소련 스탈린 체제의 소수민족 강제 이주 정책으로 사할린에 거주하고 있던 한국인(고려인)이 서쪽의 척박한 지역으로 집단 이동했다는 사실 이외에 한국인이 패전국 국민이라는 이유로 본국으로 강제송환되었다는 얘기는 듣지 못했다.

일본이 원래의 발전 모델로 돌아올 수 있었던 것은 미소(美蘇) 패권 경쟁을 격화시킨 냉전 덕분이다. 미국으로서는 동아시아에서 소련과 중국의 팽창을 저지할 수 있는 방벽(bulwark) 건설, 즉 봉쇄 전략(containment policy)을 실천하기 위해서는 예외주의를 보류하는 것이 실용적이었다. 민주주의건 독재건 미국의 동아시아 전략에 부합하는 정권이라면 용인하겠다는 것이 냉전 시대 미국 외교 정책으로 자리잡았다. 1955년 자민당 보수 연합이 결성되고, 장기 집권할 수 있었던 것도 어떤 의미에서는 냉전이 낳은 작품이다. 그 일환으로 미 군정은 주식회사 일본의 부활을 용인했다. 다만 전전과는 달리 관료, 기업, 정치가가 대주주로 등장했다. 그 중 관료는 국가 리더십의 핵심이었다.

냉전이 없었다면 연합군 사령부의 지배하에서 일본의 글로벌화도 커다란 위기를 맞았을 것이다. 냉전으로 일본의 대외 행동의 자율성이 높아질 수 있었기 때문이다. 전후 첫 수상인 요시다 시게루(吉田 茂, 1946년 5월-1947년 5월, 1948년 10월-1954년 12월 재임)는 전후 일본의 건국과 부흥 전략의 틀을 일궈낸 인물이다. 그는 외무성 출신으로 수상에서 물러난 뒤에도 외무장관에 임명될 정도로 일찍부터 대외 사정에 아주 밝았다.

당시 일본 내부에서는 부흥 전략으로서 외무성을 주축으로 하는 '국제주의'와 통상산업성(현 경제산업성)을 주축으로 하는 '개발주의'가 대립하고 있었다. 국제주의란 일본 경제의 살 길을 외국 무역에서 찾아 무역 신장만이 인구 과잉, 자원 빈약 그리고 낮은 생활 수준 등의 문제를 해결할 수 있다는 입장이다. 즉 '수출 지향 전략'이다. 개발주의란 무역의 중요성을 인식하면서도 국내 자원 개발에 우선 순위를 두어야 한다는 입장이다. 즉 '수입 대체(내수) 전략'이다.

그 나름대로 이유가 있었다. 외무성은 원료가 부족하고 국내 시장에만 의존할 수 없는 일본 경제가 후발국으로서 세계 시장에 진입하는 것은 곤란하다고 보았다. 그러나 일본 경제는 문제 해결 능력과 도입 기술의 소화 능력이 높기 때문에 충분히 승산이 있다고 판단했다. 통상산업성은 냉전하에서 세계가 분할되어 시장이 협소하며, 타국의 기술 수준 향상에 의하여 일본의 수출 확대 여지가 줄어들고 있고, 세계의 자본과 부(富)가 미국에 집중되어 있어 일본 상품에 대한 구매력이 제한된다는 이유에서였다.[6]

그 논란은 매우 격렬했다. 요시다 수상이 선택한 것은 외무성의 주장이었다. 무역 입국형(貿易入國型)의 산업화 전략이 오늘날 일본을 경제 대국으로 인도한 것은 부인할 수 없다. 이로써 일본의

---

6   鶴田俊正, 『戰後日本の産業政策』(東京 : 日本経濟新聞社, 1982), pp. 24−31.

글로벌화는 그 관성을 유지할 수 있게 되었다. 그가 추진한 또 다른 업적은 이른바 '요시다 독트린(Yoshida Doctrine)'이다. 전후 부흥을 위해서는 경제, 안보 모두 미국에 전적으로 의존해야 한다는 것이 그 요체이다. 이 독트린은 지금까지도 미일 관계의 기본틀로 작용하고 있다.

한국의 글로벌화의 발단과 반 글로벌 쇄국 노선의 허상

한국은 수출 지향 전략을 선택하기까지 많은 시행착오를 겪었다. 건국 후 이승만 정권부터 박정희 정권 초기까지는 수입 대체 전략을 선택했다. 그러나 빈곤으로부터의 탈출은 점점 멀어져 갔다. 이때 미국 원조 고문단(USOM)과 재일 교포 기업인들의 충고로 박정희 정권은 1964년부터 수출 지향 전략으로 전환하게 된다. 그것이 2014년 현재 한국을 13번째 GDP 대국(IMF 기준)으로 이끈 원동력이었음은 부인할 수 없다.

리콴유 전 싱가포르 수상은 그의 자서전[7]에서 3인의 아시아 영웅을 지적한 바 있다. 덩샤오핑, 요시다 시게루, 그리고 박정희(당시 김대중 정부와의 관계 때문에 명시적으로 지적하지는 않았다)가 바로 그

---

[7]   Kuan Yew Lee, *From Third World to First: The Singapore Story, 1965-2000* (New York: Harper Collins Publishers, 2000).

들이다. 그들은 공통적으로 글로벌화의 흐름을 읽고 수출 지향 전략을 선택한 지도자였다. 그것이 아시아의 네 마리 용으로 일컬어지는 신흥 공업국이 세계의 주목을 받게 되는 결정적 원동력이었다.

대외 관계에 의존하기보다 스스로의 힘으로 경제 부흥을 이룩한다는 수입 대체 전략은 보통 사람에게 매력적으로 비춰질 수 있다. 그러나 그것은 이상에 불과하다. 현실적으로는 통할 수가 없는 전략이다. 중국의 마오쩌뚱은 부국강병책으로서 자력갱생(自力更生)의 길을 선택했다. 이것이 수입 대체 전략이다. 그 결과는 참혹했다. 그때문에 반 마오쩌뚱 세력이 등장하기 시작했다. 문화 혁명(1966-1976)을 통하여 그 권력을 유지하고자 했으나, 그의 사망으로 수입 대체 전략은 비참한 종말을 맞고 말았다.

전후 수입 대체 전략을 선택하여 경제 발전에 성공한 국가는 전혀 없다. 앞으로도 없을 것이다. 1980-90년대, 한국에서도 반미(反美) 자주 운동의 이론적 근거로서 남미(南美)가 걷고 있던 종속 이론, 즉 수입 대체 전략이 대학가에 성행했던 적이 있다. 마치 그것을 모르면 무식하다고 취급받기도 했다. 그게 옳았다면 남미는 일찍이 선진국 대열에 올라섰어야 맞다.

빈민가 출신으로 종속 이론의 대가였던 룰라(Luiz Inacio Lula da Silva)는 브라질 대통령(2003년-2011년 재임)이 되고난 후, 자신의 이론에 커다란 오류가 있었음을 고백했던 적이 있다. 그는 수출 지

일본 열도는 왜 후진하는가

향 전략으로 방향을 바꿔 브라질 경제의 부흥을 이끌었다. 그런데도 한국 사회에서는 아직 그에 얽매인 아류들이 지금도 활약하면서 사회 곳곳을 왜곡시키고 있다. 사고의 전환이 그렇게 어려운가 보다. 그때 왜곡된 교육을 받은 사람들이 교단에서 왜곡된 지식을 진실인 양 호도하고 가르치고 있다. 최근의 역사 교과서 논쟁도 결코 이와 무관하지 않다.

2002년 여름 쯤이다. 그때 세계무역기구(WTO)가 주도하는 도하 아젠다(Doha Agenda)에서 제기된 8개 부문의 서비스 시장 개방이 주목을 받고 있었다. 그 중 하나가 교육 시장 개방이다. 필자가 그 연구 책임을 맡고 있었다. 필자는 일찍부터 한국이 발전하기 위해서는 해외로 뻗어나가야 하기 때문에 글로벌화는 선택이 아니라 필수라고 믿고 있었다. 교육 시장도 예외가 아니다. 당시 한국 대기업의 성장을 사례로 들면서 글로벌화가 없었다면 그들의 성장은 상상할 수 없다는 것이 글로벌화 필수론의 주요 근거였다. 아무리 생각이 옳더라도 그것을 실천하기 위해서는 무엇보다도 국민적 합의를 도출하는 것이 선결 과제였다.

마침 한 대학의 요청으로 이에 대한 발표를 할 기회가 있었는데, 그때 전교조(全教組)의 입장을 들을 수 있었다. 처음에는 전교조인 줄 전혀 몰랐다. 그런데 발표 어조나 예의가 상식 이하라는 느낌이 들었고, 인신 공격까지 서슴치 않는 모습을 보고 놀랐다. 나중에 함께 했던 지인을 통하여 그들이 전교조 골수파라는 것을 알았다. 바로 그들이 종속 이론이 난무하던 시절 반미 교육을 받은 사람들이다.

그뿐만 아니었다. 소위 지식인 중 '교육 시장'이라는 어휘에 반감을 갖고 있는 사람이 적지 않았다. 필자는 그들을 설득하고자 세미나도 여러 번 개최하고, TV에도 자주 출연했다. 아마 학자로서 3사 TV에 동시 출연한 경우는 드물 것이다. 이때마다 "교육은 신성한 것인데 왜 시장이라고 하는가"라는 얘기를 들을 수 있었다. 또 상대방의 의견을 들으려고도 하지 않았다.

돌이켜 보면 그 사람들은 옳고 그름을 떠나 뭐든지 반대를 해야 스스로의 존재 이유를 정당화할 수 있다는 착각에 빠져 있지 않았나 생각한다. 사고가 다양하지 못하고 그 범위가 좁으면 아무리 지식인이라 해도 편협하고 경직될 수밖에 없다. 스스로 세계의 흐름을 전혀 읽지 못하는 쇄국론자로 전락하게 된다. 필자는 2004년 3월 일본으로 온 뒤 친척 한 분을 만났다. 그분은 내게 그때 발언을 잘못해서 밉보여 한국을 떠날 수밖에 없었느냐고 웃지 못할 얘기를 했다.

일본 사회가 부러운 것 중 하나는 다양한 사고가 보장된다는 점이다. 일본에서 친(親)한국적, 친중국적 발언을 하는 지식인을 자주 보게 된다. 예컨대 2011년 8월 10일 도쿄 교원 노조는 "독도가 일본 영토라는 근거가 없다"는 이유에서 독도를 일본 영토라고 기술한 사회 교과서 채택을 반대했다. 또 "위안부 문제는 분명히 일본의 책임이다"라고 거론하는 양심적 지식인을 자주 본다. 그래도 극우파마저 그들의 의견을 존중하지는 않을지 몰라도 매장시키지는 않는다. 그들도 그에 대한 반론을 제기한다.

그러한 일본의 사회 문화가 균형적 사고를 낳고 있지 않나 한다. 그 균형이 깨지면 사회 문화는 극단적으로 치닫는다. 한국에서는 친일 발언을 한 지식인이 매장당하는 경우를 흔히 본다. 그 발언의 친일 여부를 떠나 그렇게 매도당하는 경우도 많이 봤다. 그것은 사회 문화적으로 매우 바람직하지 못하다. 사고가 불균형 상태로 치단을 위험이 있기 때문이다. 한국 사회에서 합의가 좀처럼 이루어지지 못하는 것도 여기에서 연유하지 않았을까? 좀 더 다양하고, 균형된 사고를 보장하는 것이야말로 한국이 보다 선진화로 갈 수 있는 중요한 조건이다.

전후 글로벌화의 박차

전후 일본은 글로벌화의 물결을 적극적으로 활용했다. 1950년대 들어 정부는 서구의 기술뿐만 아니라 경영 기법을 적극 도입하여 서구 따라잡기에 열중했다. 특히 경영 기법을 일본에 적용하는 과정에서는 서구와 달리 종신고용 시스템(60세까지 고용 안정), 연공서열제, 그리고 사내 교육 및 훈련 체제 등을 구축하여 노동력의 비교 우위를 확보하고자 했다.

이것은 현재에도 유효하다. 정부는 전략산업으로서 석유 화학, 조선, 전자, 자동차 등을 지정하고, 적극적으로 지원했다. 이것이 전략산업에 대한 중점 투자 및 조세 감면을 골간으로 하는 '일본형 산업정책'이다. 모든 산업정책의 초점은 수출 증대에 맞춰졌다. 한국 전쟁으로 인한 특수(特需)가 일본의 산업화에 크게 공헌했음은 부인할 수 없다.

대외적으로 일본은 국제통화기금(IMF, 1952년 가입), 관세 및 무역에 관한 일반 협정(GATT, 1955년 가입) 등의 국제 기구에도 가입함으로써 글로벌화의 물결 속에서 서서히 세계 무대로 발돋움하게 된다. 일본이 산업국가로서 무역 강대국으로서 등장하자 1959년부터는 서구로부터 일본의 위상에 걸맞게 무역, 자본 시장을 자유화하라는 압력을 받게 되었다. 이를 받아들여 일본은 1963년 2월 IMF 11조 국가(무역 자유화)로 이행했고, 1964년 4월에는 IMF 8조 국가(자본시장 자유화 의무)로 이행하면서 OECD에 가입하게 된다. 1967년 7월에는 '제1차 자본시장 자유화'를 단행했다.

일본은 1968년 세계 2위의 경제 대국을 이룩했음에도 불구하고 최후까지 자본시장 자유화를 늦추고자 했다. 이른바 지연 전략이다. 외국 자본이 들어올 경우, 국내 산업을 흡수합병(M&A)하거나, 국내에서의 영업 활동으로 얻어진 수익을 본국으로 송금할 경우, 국내 자본시장이 커다란 타격을 입을 것으로 예상했기 때문이다. 당시 그 위기 의식을 반영하여 자본시장 자유화 압력은 제2의

일본 열도는 왜 후진하는가

구로후네 사건으로 불렸다. 1973년 5월 들어서야 서구 수준의 자본시장 자유화로 이전하게 된다.

일본은 글로벌화를 통하여 세계의 달러를 긁어모았다. 1960대는 일본의 성장률이 10% 이상을 기록한 고도 성장기였다. 1970년 대에는 성장률이 5-6%대로 낮아졌지만, 1956년부터 오일 쇼크가 발생하기 이전인 1973년까지의 평균 성장률은 9.1%를 기록했다. 그 이후 1974년부터 1990년까지는 4.2%를 기록했다. 여전히 일본의 무역 흑자는 타국의 추종을 불허했다.

그러던 것이 1992년 버블 붕괴와 함께 일본 경제는 장기 침체의 늪으로 빠지게 된다. 1991년부터 2013년까지는 0.9%의 성장률로 추락했다. 그 이후에는 더욱 악화되어 디플레 늪으로 경착륙하면서 마이너스 성장률, 그리고 장기 간의 무역 적자를 기록하고 있다. 현재 일본 경제를 지탱하고 있는 것은 고도 성장기에 끌어 들인 흑자라고 해도 과언이 아니다.

왜 일본은 이렇게 추락했는가? 그것은 한 마디로 5-80년대의 고도 성장에 도취된 나머지 사회·정치·문화가 외형적으로는 글로벌화의 길을 걷고 있지만, 실제로는 반 글로벌화의 길을 걷고 있기 때문이다. '토끼와 거북이'의 경주에 비교해 보자. 당시는 3위와의 격차가 컸기 때문에 거북이처럼 느릿느릿 걸어도 2위 자리를 유지할 수 있었다. 그러나 앞으로 전진하는 것이 아니라 그것에 안주하여 '제자리 걸음'을 하고 있었던 것이다.

그 사이 정보화의 물결을 타고 달려드는 토끼에게 추월당하는 형국이 되어 버렸다. 일본은 산업사회의 왕좌를 차지했음에도 불구하고, 그에 안주하고 정보화 사회에는 한참 뒤처지고 있다. 다음에서는 지난 14년간 일본 사회의 한 구성원으로서 관찰해 온 제자리걸음의 흔적을 기술하고자 한다. 그것은 한 마디로 '반 글로벌' 사회 문화이다.

일본 열도는 왜 후진하는가

제3장
일본의 반 글로벌
사회 문화

　인류 문명은 수만 년 동안의 기나긴 농업사회를 거쳐 1760년
대의 산업혁명을 기점으로 산업사회를 맞게 되었다. 그것이 20세
기 후반부터 정보혁명을 기점으로 지식사회로 전환하기에 이른다.
산업사회에서는 경제 활동의 필수 요건으로 자연, 자본, 노동을 중
시한다. 지식사회에서는 이보다 '지식'을 가장 중요한 투입 요소로
간주한다. 엘빈 토플러(Alvin Toffler)는 지식을 갖춘 근로자를 '지식
노동자(knowledge worker)'라고 불렀다. 경제학에서는 인간 자본(Hu-
man Capital)이라고 부른다.

　지식 노동자는 지식 및 아이디어, 다양한 기능(컴퓨터, 외국어 등)
그리고 태도(리더십, 창의력, 도전 정신, 현장 경험) 등의 능력을 갖춘 근

로자를 일컫는다. 이들은 자기 주도형 학습 능력을 갖추고 있다. 이들이 생산하는 부가가치는 굴뚝산업에 종사하는 근로자들과는 비교할 수조차 없을 정도로 크다. 최근 유행하는 스마트폰 및 각종 소프트웨어들은 지식 노동의 대표적 산물이다. 이들이 주도하고 있는 정보혁명은 글로벌화를 급속히 확산시켜 세계 지경학적(地經學的) 지도를 완전히 뒤바꿔 놓고 있다. 특히 탈(脫) 냉전 이후에는 국제관계가 지정학 시대에서 지경학 시대로 급속히 변화하고 있다. 그 흐름 속에서 세계 경제지도는 나날이 바뀌고 있다.

정보화 시대의 글로벌화는 국경 장벽을 낮춰 시장 규모를 확대시키고 있다. 그만큼 개인 간, 기업 간, 국가 간 경쟁이 치열해지고 있다. 승자와 패자가 확연히 구분된다. 그 경쟁에서 살아남기 위해서는 조직력과 개인기를 동시에 갖추고 발휘할 수 있는 '소프트웨어형' 인재가 필요하다. 세계 축구는 남미와 유럽의 양대 산맥으로 나눠져 있다. 남미는 개인기를 위주로 하는 축구, 유럽은 조직력을 위주로 하는 축구를 한다. 조직력 중심이건 개인기 중심이건 각 플레이어들은 기본기를 갖추어야 한다. 그에 따라서 월드컵 우승국이 결정된다. 마찬가지로 글로벌 경쟁에서 각 플레이어들은 그에 요구되는 새로운 기본기로 무장해야 한다.

그러나 일본의 사회 문화는 여전히 5-80년대 전성기의 낡은 기본기를 답습하고 있다. 그 연유로 2000년대 들어 국제 사회에서의 지위가 추락하자, 일본은 자신감을 상실하고 초조해하고 있

일본 열도는 왜 후진하는가

다. 이것이 일본 사회를 정체시키고, 방황하게 만들고 있는 결정적 요인이다. 일본인들은 1992년 버블 붕괴 이후 10년간을 '잃어버린 10년'이라고 한다. 2003년 일본 경제가 장기 침체에서 벗어나 2.3%의 성장률을 기록하자, 일부 매스컴은 잃어버린 10년이 아니라 재도약을 준비해 온 10년 간이라고 포장하기도 했다. 2008년 9월 리먼 쇼크(Lehman Shock)로 일본 경제가 커다란 타격을 받고 다시 장기 침체의 늪에 빠지자 그런 립서비스는 소리없이 사라졌다.

본질적으로 버블 붕괴 이후 일본의 추락은 고대부터 이어 내려온 글로벌화의 사회 문화적 저류가 반 정보화, 반 글로벌화로 역행하고 있기 때문이다. 이것을 바로 잡지 않는 한 일본의 부활은 한낮 꿈에 불과할 것이다.

1. 기업가 정신의 쇠퇴

책임 강조 문화의 허상

기업가 정신은 도전 정신과 창의 정신에서 나온다. 예로부터 내려온 일본의 사무라이 정신은 이를 대변한다. 그러나 이런 정신은 어디에서도 찾아보기 어려운 것이 현실이다. 일본의 사회 문화는 소국 의식(小國意識)에 사로잡혀 있다. 흔히 섬나라 근성을 제기하면서 스스로를 비하시킨다. 이것은 일본 사회가 자신감을 상실하고 있다는 반증이기도 하다. 과연 그런가? 일본이 섬나라인 것은 틀림없다. 그런만큼 해양까지를 포함하면 영토 면에서는 세계 8위의 대국이다. 경제 면에서는 정체기를 맞고 있으나 세계 3위의 경제 대국이다. 인구 면에서는 1억 2500만 명 규모의 대국이다.

그런데 일본인 학생들에게 일본은 어떤 나라인가를 물으면 공통적으로 "별볼일 없는 작은 섬나라"라고 비하한다. 2015년 8월 19일, 오사카 지역의 중고등 교원의 자격증 갱신 강습회가 열렸다. 필자가 그 강좌를 담당하게 되어 교원들에게 "과연 일본은 소국인가" 그리고 "왜 국기에 대한 예의를 갖추지 않는가"를 물었다. 놀랍게도 그들의 대답은 학생들과 같았다. 이에 대하여 그 증거를 제시하면서 일본은 결코 소국이 아님을 강조했다. 따라서 일본은 그에 걸맞는 국제적 책임을 다할 의무가 있다고 강조했다. 교육 현장에서부터 소국 의식을 귀담아온 학생들에게 도전 정신과 창의 정신을 기대하는 것은 어불성설이다. 일본의 반 글로벌 사회 문화는 인과응보인 셈이다.

일본 사회의 형식적 책임 강조 문화는 기업가 정신을 쇠퇴시키는 주범이다. 모든 도전과 창의는 성공과 실패의 가능성을 동시에 수반한다. 어떤 조직에서 누군가가 나름대로의 프로젝트를 기획, 실행할 경우, 성공하면 미미한 보상을 받을 수 있지만, 실패하면 그 책임을 모두 뒤집어써야 한다. 일본의 사회 문화는 리스크를 회피 (risk-aversion)하는 방향을 선택하도록 강요하고 있는 것이다. 실패로부터의 교훈이란 있을 수 없다.

그 책임 회피 방법으로 '합의형 의사 결정'을 한다. 겉으로 보면, 전 구성원의 의사를 반영하여 결정, 집행하는 것이 매우 바람직한 것으로 보인다. 그러나 그 내면을 들여다 보면 전혀 다르다. 최고 결정자는 자신이 겪을 지 모르는 잠재적 실패로부터 제기되는 책임을 모면하기 위하여 구성원 전체의 합의를 구하는 형식을 취한다. 혼자 책임을 뒤집어 쓰지 않으려는 술수이다. 리더라도 책임을 지지 않으려는 '물귀신 작전' 마인드이다.

2013년 11월 만난 출판 대기업 출신 일본인 청강생은 누구든지 책임을 지지 않으려는 문화가 일본 사회에는 뿌리깊다고 했다. 의사 결정자는 잠재적 실패 책임을 회피하려는 구실로서 어떤 조직에서든 회의를 너무 자주 소집한다. 즉흥적으로 위원회가 구성되는 것도 쉽게 볼 수 있다. 시간도 많이 소요되어 '타이밍'과 '스피드'를 상실하는 경우를 자주 목격한다.

이것이 일본 기업의 경쟁력 추락의 한 원인이다. 2007년 4월, "소니는 왜 삼성에 뒤처지는가?"에 대한 TV 대담이 있었다. 그때 의사결정 시간, 상품화 시간이 소니가 삼성의 3배 이상 걸리기 때문이라는 얘기가 나왔다. 당시 이탈리아인 TV 디자이너가 소니에서 삼성으로 전직을 했다. 그의 전직 이유는 아주 간단했다. 아무리 좋은 아이디어가 있어도 소니에서는 상품화하기까지 시간이 너무 걸려 의욕을 잃어버렸다는 것이다.

합의형 의사 결정을 하려니 불필요한 시간이 너무 많이 걸린 탓이다. 소니가 어떤 회사인가? 진공관 트랜지스터, 워크맨을 세계 최초로 개발한 일본의 이노베이션을 상징하는 기업이었다. 전 세계인의 동경의 대상이었다. 삼성으로서는 쳐다보지도 못할 곳에 위치하던 최첨단 가전 기업이었다. 그런 기업이 이제는 존재감마저 상실하고 부실의 늪에 빠져 있다.

세계 시장에서 일본 전자 기업의 TV 시장 점유율을 다 합쳐도 삼성에도 미치지 못한다. 2015년 2/4분기 현재 삼성은 28.5%의 점유율로 10년 연속 세계 1위를 차지하고 있고, 소니는 5.4%에 불과하다. 소니가 정보화 시대의 글로벌 경쟁이 무엇을 요구하고 있는가를 간파하지 못한 결과이다. 마치 베짱이가 되어 도덕적 해이에 빠지고 있었다.

합의형 의사 결정 시스템이 좋은 의미에서는 공동 책임론으로 들릴 듯하나, 실제로는 어느 누구도 책임을 지지 않으려는 의도가 숨겨진 관행이다. "회의는 춤춘다"는 얘기가 어울린다. 그러니 구성원 누구도 도전 정신이나 창의력 카드를 꺼내려 하지 않는다. 복지부동(伏地不動)을 강요하는 것이다. 이런 환경에서는 조직이 원래의 기능을 발휘할 수 없다. 이노베이션을 기대하는 것은 환상에 불과하다.

징계 처분과 반 글로벌 교육

필자는 강의실에서 글로벌 경쟁에서 살아남기 위해서는 개인, 기업, 국가 등의 각 플레이어들이 기업가 정신으로 무장해야 한다고 항상 강조한다. 2007년 10월 이에 역류하는 일본의 사회 문화를 경험했다. 돌이켜보면 참으로 쓰라린 경험이다. 그때 필자의 제미(한국의 지도 학생에 해당)에 있었던 일본인 학생을 끝까지 지키지 못한 점에 대해 지금도 미안한 마음을 갖고 있다. 당시 전국 일본 대학 3학년생들의 기초 학력 테스트를 실시했는데, 그는 본교에서 내성적이지만 책임감이 강하고 1등을 차지할 정도로 아주 똑똑한 학생이었다.

그 학생은 10월 말 개최되는 대학 축제 준비 위원회의 기획 위원으로 활동하면서 인터넷 거래로 중고 컴퓨터를 구매했다. 본인으로서는 정식 가격보다 훨씬 저렴하게 구입하려는 의도에서 인터넷 거래를 이용한 것이다. 통장에는 입금을 확인할 수 있는 금액이 찍혀 있었다. 이를 근거로 학교 측에 컴퓨터 구입 대금을 요청하자 정식 영수증을 제출하라고 요구했다. 일본에서는 어떤 거래든지 반드시 영수증을 주고받는다.

그러나 그 인터넷 거래 업체는 영세한 곳으로 네트워크에 더이상 접속할 수가 없었다. 백방으로 뛰어다니면서 영수증을 받고자 했으나 허사였다. 사실 필자는 그 학생의 창의력이나 도전 정신을 높이 평가하여 별다른 문제가 없을 것으로 확신했다. 오히려 표창감이라고 확신하고 있었다. 그러나 그것은 착각이었다. 학교 측은 영수증이 없는 거래는 공금 유용의 부정 행위에 해당한다면서 정학 처벌을 해야 한다고 했다.

필자는 이에 맞서 그 학생과 모친에게 소송으로 해결하자고 제안했다. 모친도 동의했으나, 이 문제가 장기화되자 지친 나머지 정학 처분을 받는 것으로 종결짓고 싶다는 의사를 전해왔다. 필자도 더 이상 거론하는 것은 모친의 의사에 반하는 것으로 판단하고, 3개월 간 정학 처분을 받는 것으로 소동은 일단락되었다. 지금 생각해도 학교 측의 판단은 교육 목적으로 볼 때 도저히 이해가 가지 않는다.

의외로 일본 대학에서는 징계 처분이 다반사로 이루어진다. 규칙을 어겼을 경우는 당연히 징계를 받아야 한다는 것이 일본의 사회 문화에 자리잡고 있다. 필자는 부임한 2004년부터 지금까지 학생처에 소속되어 유학생 생활 지원을 담당하고 있다. 같은 외국인으로서 그들의 환경을 누구보다 잘 이해하고 있었기 때문이다. 2010년 이전까지 한국이나 중국 유학생들은 그다지 부유한 가정 출신이 아니었다. 그 이후 눈에 띄는 것은 매우 부유한 집안의 자제들이 유학을 온다는 점이다. 그러다 보니, 아무런 목적 의식 없이 유학을 와서 시간을 허송하는 경우를 많이 보았다. 한국 유학생은 필자가 애초부터 엄격히 지도한다. 안되겠다 싶으면 부모께 귀국시키는 것이 좋겠다고 전화 통보를 하기도 했다.

보통 형편이 안 좋으면, 수업료는 부모의 도움을 받지만 생활비는 현지에서 아르바이트로 충당하는 패턴이 일반적이다. 유학생은 출입국관리사무소의 '재류 자격 외 활동 허가서'를 받아 주 28시간 이내에서 아르바이트를 할 수 있다. 그러나 실제로 그 이상을 하는 경우가 대부분이다. 그리고 해서는 안 되는 아르바이트 금지업종(유흥업소, 도박장 등)이 규정되어 있다.

유학생이 이 규정을 어겨 정학 처분을 받는 경우가 매년 한두 건씩 일어났다. 우연일지 모르나, 그 사건은 모두 한국인이 경영하는 사업장에서 발생했다. 그들은 불법인 줄 알면서도 경찰서나 출입국관리사무소와 연결되어 있으니 안심하라고 허세를 부리면서 실정을 전혀 모르는 유학생들을 유혹한다. 유흥업소의 시급(時給)이 일반 아르바이트보다 두 배 이상이니 형편이 어려운 유학생들은 유혹을 받을 수밖에 없다. 한국인 경영자는 막상 사건이 터지면 발뺌을 하거나 사라졌다.

2005년 12월에는 한국 유학생(남) 징계 처분을 경험했다. 이 학생은 필자 제미의 소속은 아니었으나 같은 한국인이라서 믿고 찾아왔지 않나 생각한다. 그는 한 유흥업소의 실내에서 청소 아르바이트를 하고 있었다. 접대가 아니라 단순 청소이기 때문에 규칙위반 의식은 전혀 없었다. 그 업소가 성황이다보니 인근 업소가 시기하여 유학생 불법 고용을 명분으로 경찰서에 신고를 했다고 한다. 경찰이 들이닥쳐 아르바이트 규정을 위반했다는 이유로 그 학생을 연행해 갔다. 그리고 학교로 통보가 왔다.

이때부터 처분이 논의되기 시작했다. 아마 한국의 대학 같으면 지도 교수의 책임하에 재발하지 않도록 훈계하는 것으로 끝났을 것이다. 징계를 둘러싸고 격렬한 논쟁이 벌어진 것은 물론이다. 결국 그 학생은 6개월의 정학 처분을 받아 부득이 유학을 그만두고 귀국할 수밖에 없었다.

그 이듬해 봄에는 필자 제미의 중국인 여학생이 불법 아르바이트를 하다 적발되어 6개월 간의 정학 처분을 받은 사건이 있었다. 그해에는 필자가 외국인이어서 그런지 한국, 중국 유학생들이 내 제미에 많이 들어왔다. 그 학생은 연변 출신으로 그곳의 조선족 친구가 많아 비교적 한국 문화에 밝은 편이었다. 그날따라 필자는 아침 일찍 출근했는데, 그 여학생이 면담을 하러 왔다. 첫눈에 낌새를 금방 알아차렸다.

이 학생은 위에서 언급한 한국 학생의 경우와 비슷한 환경에 놓여 있어 시급이 높은 유흥업소 아르바이트를 선택했다. 마찬가지로 한국인 경영자는 허세를 부리면서 안심하라고 했단다. 이 업소가 성황을 이루자 이를 시기한 옆 업소가 신고를 해서 경찰에 적발된 것이다. 학교로 통보되어 징계 처분 논쟁이 시작되었다. 결국 6개월 간의 정학으로 유학 비자가 취소되어 유학 생활을 접을 수밖에 없었다. 그 후 학생은 사귀던 일본인과 결혼을 하여 강제 출국

만은 면할 수 있었다.

간섭 일변도의 교육에 대한 반성

징계 처분을 겪으면서 대학 자체가 마치 경찰서 같다는 느낌마저 들었다. 흥미로운 것은 일본인 학생은 아무런 제한 없이 아르바이트를 할 수 있다는 점이다. 따라서 유학생 처분은 내국민 대우에 위반되는 차별이 아닐까 하는 생각이 들었다. 이 사건을 되돌아보는 이유는 징계 처분이 교육 목적에 부합되는가, 그리고 그 역효과가 너무 크다는 점을 반성하기 위해서이다. 한국에서는 좀처럼 보기 어렵다. 처분 위주의 교육 방법은 교수의 교육하는 권리나 학생의 수업받을 권리를 극도로 위축시킨다. 학생의 꿈을 송두리째 앗아가는 것은 아닌지 돌아 보게 된다.

일본 사회에서는 뭔가를 새로 시도하려 할 때 그 과정과 결과에는 상벌 논리가 엄격하게 적용된다. 상보다는 벌이 우선한다. 특히 규칙을 유연하게 적용하는 것은 꿈에 불과하다. 그러니 규칙이 허용하는 범위가 어느 정도인가를 먼저 살펴보게 된다. 리스크를 회피하고자 아예 시도조차 하지 않는 경우가 많다. 의욕을 좌절시키는 것이다. 더욱 심각한 것은 학생이 기업가 정신을 배울 수 있는 기회를 박탈당할 수 있다는 점이다.

필자는 적어도 대학생이라면 실패할 수 있는 권리를 인정해 줘야 한다고 생각한다. 그렇다고 불법 아르바이트를 용인하자는 것은 결코 아니다. 다만 실패를 직접 경험함으로써 성장할 수 있는 기회를 줘야 한다. 이러한 경험은 사회인으로서 도전과 창의 정신을 발휘할 때 그만큼 실패의 가능성을 줄일 수 있는 중요한 자산이 된다. 징계 처분이 아니라 훈계를 통하여 잘못된 행동을 되돌아 보게 하고, 그래도 개선되지 않을 때 징계를 해도 늦지 않다.

이때 일본인 교수의 이중적 태도를 간파할 수 있었다. 일본인 교수는 겉으로 상대방을 존중, 배려하는 모습을 보이나, 내면에서는 나 이외에 좀처럼 남을 배려하지 않는다. 그것은 조직에서도 마찬가지이다. 일본 사회에서는 국가를 위해서, 조직을 위해서라는 표현을 하지 않는다. 자신들의 이익을 우선시하기 때문이다. 2013년 2월 25일, 지인인 일본인 교수와 이런 저런 얘기를 하는 중에 필자의 관찰이 옳았음을 확인할 수 있었다. 필자는 이런 경우를 많이 겪었다. 평소 친분이 두터웠다고 생각하여 사소한 부탁을 하면 거절당하는 경우가 많았다. 그러다 보니 일본인에 대한 신뢰가 아직 확고하지 못하다. 이런 경험은 중국인을 비롯한 외국인으로부터도 자주 듣는다.

대학에서조차 교직원이 학생의 자치 활동에 지나치게 간섭하는 경우를 매우 자주 볼 수 있다. 마치 미성년자의 보호자로서 학생들을 대한다. 그 이유는 사고를 방지하기 위해서란다. 2015년 5월, 1학년 신입생의 오리엔테이션이 학교에서 자동차로 1시간 정도

떨어진 곳에서 열릴 예정이었다. 한국에서는 당연히 학생이 주도하고, 교직원은 서포터 역할을 한다. 그런데 일본에서는 교수가 주도하는 것이 일반화되어 있다.

필자와 미국인 교수는 교육 목적을 고려하여 학생에게 일임하자고 제안했다. 그런데 일본인 교수들은 여기는 일본이니까 일본식으로 해야 한다고 거부했다. 결국 필자가 주도하여 시간 계획 및 행사 내용까지 꼼꼼히 결정하여 오리엔테이션을 마치게 되었다.

이게 일본 사회의 현실이다. 아무리 강의실에서는 기업가 정신을 외쳐도 이런 사회 문화 속에서 당사자들은 도전과 창의보다는 실패를 두려워할 수밖에 없는 현실에 부딪친다. 도전은커녕, 심리적으로 크게 위축될 수밖에 없게 만든다. 일본인 학생들은 주어진 일은 충실히 하지만 과감하게 나서서 뭔가를 하려는 의지와 용기를 배우지 못하고 있다. 그래서인지 사고의 범위가 극히 제한되어 있고, 그 유연성도 취약해 보인다. 한국, 중국 대학생들보다 작아 보인다. 과잉보호의 결과이자, 실패를 두려워하는 일본 문화가 만들어낸 현상이 아닐 수 없다. 이러한 교육을 받은 인재들이 기업에서 기업가 정신을 발휘하기를 기대하기는 어렵다.

2. 재량권 없는 조직 문화

전후 관료 리더십의 효율성

존슨(Chalmers Johnson) 교수는 1980년대 초까지의 일본은 민주주의 국가로 보이나, 실제로 보수 연합(자민당과 재벌, 농민 등)이 지배하는 '연성 권위주의 국가(a soft authoritarian state)'라고 규정했다. 그에 기반을 둔 발전 모델을 '권위주의적 개발주의(an authoritarian developmentalism)'라고 불렀다.

'권위주의적'이라 함은 정책 결정 및 집행이 국민의 동의에 의해서가 아니라 상명하달식(上命下達式)으로 이루어짐을 의미한다. 이 모델이 성공하기 위해서는 정책 결정자들의 정보 능력 및 현실 파악 능력이 뛰어나야 한다. 당시에는 관료의 우월한 능력에 대해서는 의문의 여지가 없었다. 일본 주식회사의 대주주인 관료, 대기업, 정치가 중에서 사실상 관료가 정부 리더십을 주도하고 있었다. 관료는 전후 경제제일주의의 선봉장 역할을 맡고 있었다.

5-80년대 관료는 자원 동원 능력, 규제 능력, 민간 부문(기업)과의 협동을 이끌어 내는 네크워킹 능력, 그리고 행정 지도 능력 등을 통하여 민간 부문을 지도하면서 전후 부흥을 이끌었다. 챠머스 존슨은 앞서 소개한 저서에서 통상산업성(현 경제산업성)을 전후 부흥을 주도한 대표적 관료로 간주하고, 그의 산업정책이 전후의

부흥을 이끌었다고 평가하고 있다. 이것이 1960년대부터 한국, 대만, 싱가포르 등의 신흥 공업국과 1980년대 이후 중국 및 동남 아시아의 발전 모델로 자리잡게 된다.

개발도상국은 공통적으로 민간 부문(기업)이 매우 취약하다. 일본형 모델에서는 정부가 민간 부문의 성장을 지원하는 '인큐베이터'의 기능을 맡는다. 그런데 민간 부문이 홀로서기 연습, 즉 기업가 정신을 배워야 할 시점에 왔음에도 불구하고 정부가 계속 인큐베이터 속에 가두고 보호, 육성하려 한다면 얘기가 달라진다. 그때 정부의 보호 육성 정책은 민간 부문의 기업가 정신을 방해하는 불필요한 규제로 변신한다. 민간 부문은 정부 의존적 타성에 젖어 기업가 정신을 갖출 수가 없다. 도덕적 해이에 젖어들고 만다. 마치 성인이 되었음에도 불구하고 미성년자 취급을 받은 아이가 홀로서기를 못하고 계속 펭귄족, 캥거루족으로 전락하는 것과 같다.

한국이 IMF 충격을 맞기 직전, 대기업들은 능력 이상으로 소위 '문어발식 확장'을 꾀하면서 무차별적으로 차입 경영에 돌입하는 도덕적 해이에 젖어 있었다. 어려움에 처하더라도 정부가 뒤에서 버티고 있으니, 도산 위험성은 없다는 위험한 발상을 갖고 있었던 것이다. 규제 완화는 경쟁을 활성화하여 기업가 정신을 함양할 수 있는 최적의 환경을 낳는다. 각국이 경제 구조가 고도화될수록 '작은 정부'를 추구하려는 원래의 의도는 여기에 있다.

관료 리더십의 한계

일본의 관료 리더십에 변화가 일기 시작한 것은 경제가 최고조의 부흥기로 치닫던 1980년대 초부터였다. 자본 자유화에 의한 외국 자본의 일본 진출, 수출로 벌어들인 기업 저축의 급증으로 기업은 정부와 국내 금융 기관에 더 이상 의존할 필요가 없게 되었다. 정부의 지원 없이도 홀로서기가 가능할 만큼 성장한 것이다. 이것은 정부의 민간 부문에 대한 정책 수단을 약화시켰다.

따라서 전략적 산업을 지정하고, 이에 대하여 중점 투자 및 조세 감면 등을 실시하는 산업정책은 더 이상 효용성을 잃었다. 관료 리더십은 더 이상 필요없게 되었다. 여기에 버블 경제 및 그 붕괴는 관료 능력을 불신하는 결정적 계기가 되었다. 현재의 장기 침체는 관료의 무능력에서 비롯되었다는 것이 일반적 여론이다. 관료의 리더십이 이끈 권위주의 발전 모델이 한계를 맞은 것이다.

그 이후 자리잡은 것이 고객 만족형 모델이다. 기업의 성장으로 전략적 자원 배분은 없어졌으나, 정부가 계속 기업의 행동에 간섭하는 형태이다. 경기가 활성화되면 정부로서는 굳이 특정 고객이나 산업을 만족시킬 필요가 없다. 장기 침체로 국가 경영 능력이 의문시되자 정부는 특정 고객을 만족시키는 모델로 전환하고 있는 것이다. 즉 지지 기반을 유지하려는 정치적 계산이다. 이 모델은 정경유착, 그리고 경쟁력이 취약한 부문(농업과 같은) 등의 특정 고객을 배려하는 국가 경영을 낳는다. 어떤 의미에서는 인기영합주의(populism)에 가깝다.

아베 정권의 '아베 노믹스'는 고객 만족형 국가 경영의 단면을 보여 준다. 대기업과 유착하면서 그들의 법인세 감면, 지방의 공공 사업 발주 요구, 농업 부문의 구조 개혁 요구를 받아들이고 있다. 국가 경영 능력이 취약한 정권으로서 고객을 만족시키려면 어쩔 수 없는 선택이다. 이것이 일본의 재정 악화를 부채질하고 있는 것이다. 2014년 현재 일본의 공공 부채는 GDP의 235%에 달하고 있다. 그 반면에 한국의 공공 부채는 2014년 현재 GDP의 64.5% 정도에 달하고 있다.

인기 영합주의적 고객 만족형 국가 경영은 재정 건전성을 극도로 악화시킨다. 재정 건전성은 국가 경제의 보험이나 다름 없다. 한국 경제가 IMF 위기를 단시간 내에 극복할 수 있었던 것도 당시 재정 구조가 비교적 건전했기 때문이다. 즉 보험 충당금의 여력 덕분이었다. 일본 재정의 부채 구조는 보험 충당금이 극도로 고갈되었음을 보여 준다. 일본 정부는 국채의 90% 이상을 국내에서 소화하고 있기 때문에 안심하고 마구 국채를 발행한다.

매년 예산의 40% 이상을 국채 발행으로 메우는 상식 밖의 대규모 적자 예산을 편성하는 것이 일상화되어 있다. 도박과 같다는 느낌을 받는다. 한 일본 지인에 의하면 "일본 경제는 거대한 암초에 걸려 오도가도 못하는 대형 선박과 같다"고 한다. 암초에 걸린 일본 경제가 지금과 같은 장기 불황의 늪에서 빠져나오기 위해서는 보험 충당금을 꺼내 쓸 수밖에 없다. 그러나 충당금은 바닥을 드러낸 지 오래다. 일본 정부는 스스로 리스크를 높이는 항해를 계속하고 있는 것이다.

이 리스크를 낮추고자 일본 정부는 한때 민영화 개혁에 박차를 가했다. 또 정부 부문이 민간 부문보다 우월하다고는 볼 수 없기 때문에 국가 사업을 민간 부문으로 이전하고자 했다. 고이즈미(小泉純一郎) 정권은 우정(郵政) 사업(우편, 생명보험, 은행)을 민간 부문으로 이전하려는 민영화 개혁을 단행한 바 있다. 이에 대한 반대가 거세자 2005년 9월 11일 중의원 선거를 실시하여 신임을 묻기도 했다. 공무원 수를 줄여 정부의 재정적자를 축소하려는 의도에서였다. 한편으로는 민간 부문의 효율성을 인정하고, 정부 부문의 역할을 최대한 민간 부문으로 이전해야 한다는 구상이다. 그로부터 한참 뒤인 2012년 10월 1일 우정 사업의 민영화가 출발하기에 이른다.

재량권 없는 하위 조직

그러나 일본의 조직 문화에서 여전히 상명하달의 정책 결정 구조는 전혀 변화하지 않고 있다. 정부의 지시나 발언은 마치 성서와 같다. 어떤 조직이든지 정부의 지시나 발언 앞에서는 복지부동 자세를 취하고, 무조건 받아들인다. 오히려 조직의 최고 결정자는 정부의 지시나 발언을 자신의 잠재적 실패에 대비한 방패막이로 악용한다. 만약 본인이 실패할 경우 그 원인을 정부 지시 때문이라고 변명할 수 있기 때문이다. 이러한 구조에서는 아무리 민간 부문이 우수하다고 해도 이노베이션에 도전하려는 의지가 생성되기는 어렵다. 오히려 조직 자체가 좌절을 겪을 뿐이다.

상명하달의 정책 결정이 낳은 가장 커다란 폐단은 조직의 생명력을 말살시킨다는 점이다. 어떤 조직이건, 생명력을 유지하기 위해서는 각 구성원이 맡겨진 역할을 충실히 수행해야 한다. 이것이 이른바 '구조 기능주의(structural functionalism)'의 요체이다. 한국에서 팀제를 운영하는 것도 이에 연유한다. 필자는 한국에서 재직할 당시 팀장으로서 적지 않은 재량권을 행사하여 연구의 질을 높이는 한편, 예산 절약에도 힘을 기울였다. 무엇보다도 윗선의 간섭없이 팀을 탄력있게 운영할 수 있는 것이 최고의 장점이었다. 일본의 조직 구조에서 톱 리더 이외에는 장식품, 부품에 불과하다. 재량권이나 자율성은 전혀 없고, 충실한 거수기 역할을 요구받는다.

2010년 6월 6일 일본 정부 내에서 커다란 소동이 일어났다. 당시 일본과 미국 정부는 오키나와 미군 기지 재편을 둘러싸고 후텐마(普天間)에 있던 미 공군 기지를 나고시(名護市)로 옮기기로 합의했다. 후텐마 기지는 시내 한복판에 위치하고 있어 소음, 미군의 부적절한 행위 등으로 민원이 끊이질 않았다. 또 주민들은 오끼나와에 미군이 주둔함으로써 이 지역이 분쟁에 휘말릴 우려가 있다고 간주하고, 근본적으로 미군의 철수를 요구하고 나섰다.

이를 해결하기 위하여 민주당 정권의 첫 수상이었던 하토야마(鳩山由紀夫) 씨가 직접 나서서 주민의 동의를 얻고자 했다. 그 이후에도 다른 수상이 방문하여 협력을 요청했으나 지사(지지知事)는 주민의 의사에 반한다는 이유에서 협력을 거부했다. 아예 주민의 의사를 받아들여 미군의 철수를 요구하고 나섰다. 수상으로서는 체면이 서지 않았을 것이다.

마치 안보 분야에서는 오끼나와 지사가 수상같다는 인상을 받았을 정도이다. 그러니 어떤 정치인도 수상의 눈치만 보고 전면에 나서지 못하고 있었다. 이때 내각부(한국의 청와대에 해당) 장관(일본에서 장관은 한국의 차관에 해당)이 나고시 촌장(町長, 한국의 면장 또는 군수에 해당)에게 전화로 협력을 요청한 사실이 알려졌다. 이것이 소동의 발단이 되었다. 재량권도 없는 일개 장관이 감히 윗선의 재가없이 함부로 나섰다는 것이다. 그 장관이 사과함으로써 소동은 일단락된다.

그 이후 오끼나와 선거에서는 미군 철수를 공약으로 내걸지 않는 한 낙선할 수밖에 없게 되었다. 아이로니컬하게도, 2012년 12월 자민당 정권으로 바뀌자 민주당 정권 때 강력히 반대했던 지사가 기지 이전 협력 의사를 밝히면서 그 다음 선거에서 낙선하고 말았다. 새로 당선된 지사는 기지 이전을 승인했다가 해당 엔노코

(辺野古) 지역 주민의 반발이 거세지자 승인을 취소하는 소동을 빚었다.

이 소동은 재량권 없는 줄서기의 일본 사회를 보여 준다. 그래서인지 일본인은 어디를 가도 줄을 잘 선다. 필자는 이 사건을 보면서 한국에서 거론되고 있는 내각책임제로의 권력 구조 변화가 과연 한국의 실정에 맞는가를 되돌아 보았다. 한국은 안보 리스크가 매우 높은 특수성을 안고 있다. 오키나와 기지 이전이 지지 부진한 것은 내각책임제에 기인한다. 일본은 내각책임제 위에서 중앙 정부와 지방 정부를 철저히 분권화 하고 있다. 이것이 지방 간 균형 발전을 낳은 원동력이었음은 부인할 수 없다. 참으로 부러운 시스템이기도 하다.

그러나 안보 문제에까지도 중앙 정부가 지방 정부에 대하여 리더십을 발휘하지 못할 경우, 감당하기 어려운 기회비용이 발생할 것이 분명하다. 한국에서도 제주도 해군기지 건설을 둘러싸고 지역 주민 및 환경보호 단체와 정부 간 이해 관계가 대립되어 한동안 커다란 혼란을 겪기도 했다. 내각책임제에서는 차원이 다르다. 지방 정부가 받아들이지 않으면 근본적으로 안보 문제라도 추진할 수가 없다. 그렇다고 일본의 권력 구조에서 수상은 카리스마적 리더십을 행사할 수 있을 정도의 능력자가 아니다. 수상이라도 다른 의원과의 관계에서는 '도토리 키 재기(the first among equals)'에 불과하다.

아베 정부는 오키나와 기지 이전이 전혀 진전을 보지 못하자 미국의 압력과 오키나와 지방 정부 사이에 끼인 샌드위치 신세가 되었다. 기지 이전 문제는 미일 동맹 관계의 중요 현안이다. 정부가 이 문제를 해결하지 못하면 미국의 신뢰를 저하시킬 수 있다. 특히 새 지사가 승인에서 취소로 입장을 바꾸면서 중앙 정부로서는 대미 신뢰 관계가 크게 훼손될 위기에 놓이게 되었다. 2015년 11월 중앙 정부는 오끼나와 지사를 고소하게 된다. 승인 취소의 이유는 적법하지 않다는 것이었다. 앞으로 법원이 어떤 판단을 내릴지가 주목된다.

동일본 대지진 및 원전 사태에서의 재량권 없는 조직 문화

2011년 3월 11일에 발생한 동일본 대지진 및 후쿠시마(福島) 제1원자력 발전소 사태는 지금도 기억이 생생하다. 최고 21.1m의 검은 쓰나미(해일)가 내륙으로 몰려드는 장면은 공포가 밀려드는 생지옥이었다. 미처 대피하지 못한 적지 않은 사람이 비명 속에서 쓰나미에 휩쓸리는 모습은 처절했다. 가까스로 대피한 주민도 주택, 자동차, 전투기 등이 둥둥 떠다니는 모습을 목격하면서 한탄하는 광경은 공포의 현장이나 다름 없었다. 5층 건물에는 자동차가 걸려 있고, 해안에 정박해 있던 커다란 어선이 육지로 뛰어 오르는 등 쓰나미가 휩쓸고 간 뒤에는 남아 있는 게 전혀 없었다. 참혹한 광경만이 남아 있을 뿐이었다.

더구나 16m의 쓰나미 앞에서 원전은 멈추고 방사능을 유출하면서 그 지역은 버림받은 땅이 되어 버렸다. 인근 해역도 오염되어 버렸다. 지금도 여전히 회복 불능 지역으로 방치되고 있다. 바다를 매립하여 주택을 건설한 지역이나 도로에서는 물이 차오르고, 또 집, 건물이 기우는 등 그 피해는 헤아릴 수 없다. 그 트라우마로 지금도 바닷가를 가면 이 광경이 섬뜩하게 다가온다. 한국에서는 배산임수(背山臨水) 지역이 좋은 집터라고 알려져 왔으나 쓰나미는 그런 아름다운 삶터를 순식간에 생지옥으로 집어삼켜 버렸다.

그 사태로 인하여 발생한 사망자와 행방 불명자는 18,465명에 달한다. 자연재해 앞에서의 인간의 무력함은 어쩔 수 없다 하더라도, 그 이후의 상명하달식의 대응 구조는 피해 규모를 더욱 키우는 데 결정적 역할을 했다. 지진 후유증으로 쓰나미가 몰려오는 비상시였지만 늦장 대응을 했다. 윗선의 지시를 기다리고 있었기 때문이다. 당시 초등학교의 어린이들이 적지 않게 사망했는데, 학교장의 재량으로 학생들을 고지대로 피난시킨 학교는 그나마 사상자가 적었다. 재량권이 없는 조직 문화가 어떤 결과를 낳는 지를 여실히 보여 주었다.

쓰나미와 그 직후 터진 원전 사고로 삶의 터전을 잃은 주민들에 대한 대응 과정은 더욱 이해하기 어려웠다. 사고가 터지고 일주일이 지난 2011년 3월 19일에서야 피해 지역에 비상 물자를 공급하기 시작했다. 정부는 인프라 시설(일본에서는 '라이프 라인'이라고 함)

의 마비 때문에 지원이 늦어졌다고 변명하고 있다. 상식적으로 이해가 안 되었다. 육로로 안 되면 헬기나 선박을 동원하면 충분히 공급할 수 있었다. 당시 유류 부족이 커다란 이슈가 되었는데, 그렇다면 해안에 유조선을 대고 유류를 공급할 수 있지 않았나 생각한다. 그 변명보다는 재량권 없는 공무원들이 톱 리더의 눈치만 보면서 회의를 거치느라 1주일을 허비한 것이다. 그 사이에 병원, 노인 시설, 피난 장소 등에서 사망자가 속출했다. 경직된 조직 문화를 원망할 수밖에 없다.

내각은 8월 15일 추석(일본의 추석은 '오봉'이라고 한다) 때까지 임시 가설 주택을 짓겠다고 공언했다. 과연 그렇게까지 오랜 시간이 필요할까 하는 의문이 들었다. 그 사이 공공 시설에서 임시 거주하던 노인들이 열악한 환경에 적응하지 못하고 사망하는 사태가 연이어 벌어졌다. 어떤 주민이 가설 주택을 건설할 수 있도록 사유 토지를 제공하겠다고까지 했지만 늦장 대응은 바뀌지 않았다. 관료들은 그 토지가 사유 재산이기 때문에 절차가 필요하다고 주장했다.

결국, 학교 등의 공공시설 운동장과 공터에 가설 주택을 지어 임시 거주지를 제공하게 되었다. 그것도 추석을 훨씬 넘겨서였다. 그때까지 걸린 시간은 이해하기 어렵다. 한국 기업에 그런 일을 맡겼더라면 보름 이내로 완성했지 않았을까? 윗선의 지시를 기다리고 또 그 지시를 받아 회의를 거쳐야 하니 오랜 시간이 걸릴 수밖에 없었을 것이다. 정부는 아직도 그 지방의 부흥에 힘쓰겠다고 공언하면서 고객 관리에 열중하고 있다. 그해 8월 한국에서 학회가 열려 참석하게 되었다. 일본인들도 참석했기에 이에 대한 의문을 제기했다. 그랬더니 오히려 내 말을 이해하지 못하겠다는 반응을 보였다.

2011년 7월 25일 NHK는 대지진 피해 지역을 현장 보도하면서 4개월이나 지났어도 변한 것은 없다고 전했다. 이때 한 어부는 "정부 결단이 늦어 별 도움이 안 된다"고 한탄했다. 같은 해 11월 6일 NHK는 가장 커다란 피해를 겪고 있는 미야기겐(宮城縣)의 분노를 전했다. 한 주민은 "행정에 의존하면 되는 게 없다"고 한탄했다. 구청(일본에서는 야쿠쇼役所로 불림) 주최의 설명회에서 가설 주택 건설에 5개월이 걸린다고 하자, 지역 주민 모두 분노하기 시작했다. 일본인들은 왠만해서 겉으로 분노를 표현하지 않는다. 제3자인 필자가 생각해도 5개월의 시간은 납득이 가지 않았다.

결국 지역 주민들은 스스로 복구에 나서기로 결정한다. 지원 단체에도 도움을 호소하는 정보를 보내기 시작했다. 그 결과, 전국 각지의 비정부단체(NGO)로부터 도움이 속속 도착했다. 그 지원으로 나까야마 미라이도(中山未來道) 1.5km를 건설하여 복구 운동을 펼치게 된다. 이것은 스스로의 자조 의지를 보여줌과 동시에 정부에 대한 저항, 분노의 표현으로 여겨졌다. 재량권이 주어졌을 경우, 어떤 효과가 발휘되는지를 보여 주는 단면이다.

이 사태를 보면서 한국의 경우를 떠올렸다. 일본인들은 이런 재해에 익숙해졌는지 지자체의 지시에 따라서 질서 정연하게 피난처로 거처를 옮기면서도 정부의 늦장 대응에 대해서는 어떤 노골적인 반발도 보이지 않았다. 그 반면, 한국에서는 재해 피해뿐만 아니라 어떤 불이익이 발생하거나 그 가능성이 있을 경우, 정부의 잘못된 정책으로 그 책임을 떠넘기는 경우를 많이 볼 수 있다. 종합 청사 앞에서는 연일 항의 시위가 끊이지 않는다. 필자는 한국에 들를 때마다 고향인 춘천의 시청사 앞에서뿐만 아니라, 전국 방방곡곡에서 그런 광경을 목격한다.

그렇다고 일본인의 태도는 옳고, 한국인의 태도는 그릇되었다는 말은 절대 아니다. 오히려 일본인들의 태도는 이해하기 어렵다. 일본인들에게 "왜 그렇게 인내하느냐"고 물으면 반발해 봤자 변하는 것이 없기 때문이라고 체념 섞인 답변을 한다. 주어진 규칙 안에서 자신의 의사를 분명히 표시하는 태도는 민주주의를 진일보시킬 수 있는 중요한 정치 문화가 아닐 수 없다.

도요타 자동차 리콜 사태에서의 재량권 없는 조직 문화

2011년 2월 벌어진 토요타(豊田) 자동차 리콜 사태는 재량권이 없는 조직 문화의 기회비용이 어느 정도인가를 보여 주었다. 토요타 자동차라고 하면 세계 자동차 기술의 최첨단의 상징이고, 또 일본 경제를 이끄는 엔진 역할에 해당하는 기업이다. 2014년 현재 미국 시장에서 일본 자동차의 점유율은 36.7%(도요타 14.3%)에 달한다. 미국 자동차의 점유율이 45.8%임을 감안할 때 일본 자동차의 위력은 정말 대단하다. 한국 자동차의 점유율은 7.3%를 차지하고 있다.

토요타의 대량 리콜 사태는 이미 그 이전부터 예고되어 왔다. 그런데 도요타 자동차가 늑장 대응을 함으로써 화근을 키웠던 것이다. 당시 대부분의 언론들은 사실만 보도할 뿐, 일부 언론은 미국의 일본 때리기(bashing)가 다시 시작되었다고 보도하기도 했다. 언론의 우호적 태도는 바로 연간 2조 엔에 달하는 토요타 광고비의 위력이었던 것이다.

자동차 리콜은 업계에서 부끄러운 일이 아니다. 부품이나 기술의 결함은 언제든지 있을 수 있기 때문이다. 그 이전에도 리콜은 자주 있었다. 이 사건은 2008년 4월 미시건 주의 여성(77세)이 도요타 산 캠리(Camry, 冠의 일본 발음) 자동차를 운전하던 중에 일어났다. 가속기가 원래대로 돌아오지 않자 운전자의 의도와는 달리 급속 운행 모드 상태로 달리다 나무를 들이받아 사망한 것이다. 그 이후 국내외 고객으로부터 "가속기가 원래 위치로 돌아오지 않는다"는 불만과 함께 집단소송이 연이어 터졌다. 그럼에도 불구하고 도요타는 자동차의 결함이 아니라 운전자의 운전 미숙에 그 원인이 있다고 발표했다. 도저히 자존심을 구기고 싶지 않았을 것이다.

이것이 고객의 분노를 절정에 이르게 했다. 그 원인이 분명하게 밝혀지지 않은 상태에서 고객의 분노는 도요타 브랜드에 커다란 타격을 가했다. 여기에 미국 운수성까지 조사에 나섰다. 그러자 도요타는 그 압력에 굴복할 수밖에 없었다. 2011년 1월 21일, 도요타는 가속기에 이상이 있음을 인정하고, '자발적 리콜' 조치를 취하게 된다. 전 세계적으로 700만 대에 이르는 대규모 리콜이었다. 2011년 2월 6일 미국 운수성은 자동차에 기계적 이상이 있다고 조사 결과를 발표했다.

언론들은 경직된 조직 문화가 리콜 사태를 키웠다고 보도했다. 만일 현지 법인이 재량권을 행사할 수 있었다면 최초의 사고가 발생했을 때 적시에 대응할 수 있었다는 것이다. 재량권이 없는 현지 법인은 대응을 하지 못하고, 분명히 도요타 본사의 지시를 기다리고 있었을 것이다. 그 사이 여기저기서 소송이 밀려들어도 도요타 본사는 늦장 대응으로 일관했다. 미국 정부와 의회의 압력이 거세게 일자, 도요타 회장이 미국에 건너가 사과를 하고, 의회에서 증언을 하는 등 도요타 자동차로서는 아주 치욕적인 리콜 사태를 겪어야만 했다. 그 직후 미국에서의 자동차 판매가 주춤하기도 했다. 재량권이 없는 조직 문화는 이렇게 헤아릴 수 없는 기회비용을 수반하는 것이다.

장식품에 불과한 하위 조직

　필자는 2013년 4월부터 9월까지 한 학기 동안 미국 캘리포니아 주에 위치한 버클리(Berkeley) 대학에서 객원 학자(visiting scholar)로서 근무할 수 있는 기회를 가졌다. 그곳으로 떠나기 직전, 학장(한국의 총장에 해당)으로부터 대학원장 임명을 통보받았다. 나름대로는 그곳에서 6개월 간 머무는 동안 개인 연구와 함께 대학원 운영 실태를 파악하여 본교의 대학원 교육을 활성화시키는 데 벤치마킹할 것이 없는가를 탐구했다. 필자는 이노베이션이라는 단어를 아주 좋아한다. 그래서인지 현실에 안주하는 것이 제일 싫고, 또 그런 사람을 좋아하지 않는다. 그해 10월 1일부터 대학원장에 취임하여 대학원 교육 활성화 계획을 다듬고 있었다. 그러나 나의 생각은 환상에 불과했다.

　대학원장이라고 하면 대학 행정에서 낮은 보직이 아니다. 대학 경영의 중추에 있어야 하는 보직이다. 그런데 학장과 얘기를 나누면서 재량권이 전혀 없음을 알아차렸다. 그 이전에도 그런 경험이 없었던 것은 아니다. 그때는 평교수로서였지만, 이번에는 고위 보직자이기 때문에 대학원 교육의 활성화는 맡겨진 책무라고 여겼다. 그런데 대학원장과 일절 상의 없이 실무 지식이 부족한 윗선에서 결정되어 내려오는 지시가 한두 가지가 아니었다. 일본의 조직 문화에서는 톱 리더 이외에는 어느 누구에게도 재량권이 허용되지 않는다.

그러니 구성원들은 자신들의 아이디어를 제안할 수 있는 기회조차 없다. 구성원의 의견을 모으는 투입 기능은 전혀 없고, 원웨이(one-way) 산출 기능만 있을 뿐이다. 조직 내의 커뮤니케이션 채널은 장식품에 불과하다. 그렇다고 톱 리더의 능력이 하위 리더보다 뛰어나다고는 볼 수 없다. 구성원의 열정을 자극하지 못하는 조직은 죽은 것이나 다름 없다. 교과서에서는 투입 기능이 없는데 산출기능이 활발한 의사결정 구조를 상명하달식 결정의 상징이자 경영체제의 독재화를 보여 준다고 쓰여져 있다.

모든 업무는 톱 리더의 사인을 받아야 한다. 필자 역시 사사건건 학장의 사인을 받는 위치가 되었다. 보직자로서 할 수 없이 사인을 받아야 했지만, 사인을 기다리는 사람은 필자만이 아니다. 그러니 한참을 기다려야 하고, 또 학장 부재 중에는 모든 업무가 올스톱할 수밖에 없다. 병목(bottleneck) 현상이라는 것을 직접 실감했다. 업무의 스피드화를 전혀 시도할 수 없었다. 일본인들은 외형적으로 참으로 열심히 일하는 것처럼 보인다. 업무 중 휴대전화를 쓰는 것은 있을 수 없다. 아르바이트 중에도 마찬가지란다.

그러나 과연 그들은 효율성을 얼마나 중시하면서 일할까 다시 한 번 생각하게 된다. 학장의 업무 피로도 간과할 수 없다. 필자와 교분이 두터웠던 학장은 언젠가 자신의 피로를 호소하기까지 했다. 일본의 조직 문화에서 톱 리더는 어쩔 수 없이 그 피로를 감

일본 열도는 왜 후진하는가

수해야 한다. 필자는 조직 문화의 경직성에 크게 절망하고 더 이상 할 수 있는 역할이 없다고 판단했다. 장식품 역할에 충실하기로 작정했다. 그 덕분에 개인 연구에 열중할 수 있는 시간을 벌 수 있었다.

그렇지 않은 보직자는 학장의 의견에 반기를 드는 경우도 적지 않았다. 그때마다 학장은 적지 않은 스트레스를 받았을 것이다. 그 연유로 그 학장은 졸업식에도 참석하지 못할 정도로 중병을 앓다 2015년 10월 안타깝게도 타계하고 말았다. 일본의 경직된 조직 문화가 생명을 앗아가지 않았나 생각한다. 한편으로 학장은 왜 그런 조직 문화를 개선하려고 노력하지 않았나 하는 의문이 남는다.

2014년 10월 본교가 대학 평가를 받게 되면서 상명하달식 문화를 경험했다. 한국과 마찬가지로 일본의 대학들은 7년을 주기로 평가를 받는다. 필자도 한국에서 경험한 바 있지만, 한국의 대학 평가단은 평가 지표를 통달하기 위해서 상당 기간 연찬회를 갖는다. 평가 결과에 대하여 잡음이 많이 일기는 하나, 그것이 대학 교육의 질 개선에 크게 공헌해 온 것은 사실이다.

그런 기대와는 달리, 일본의 평가 위원들은 전문성이 취약하다는 인상을 받았다. 필자는 대학원장으로서 평가를 받는 입장에서 그들의 행동을 지켜 보았으나, 예상대로 논평에서 건질만한 것은 전혀 없었다. 당시 몇몇 언론에서는 조직 운영에서의 교통비 부당 수령에 대한 기사가 이슈였다. 일본은 어떤 조직이든지 거주지에서 근무지까지 소요되는 교통비를 실비로 지급한다. 그러다 보니 서류 상의 거주지는 먼 곳으로 신고하고 실제로는 가까운 곳에 거주하면서 부당하게 교통비를 청구한 게 이슈가 된 것이다. 그것은 대학 평가에서 거론할만한 이슈가 아니다. 그럼에도 불구하고 평가 위원은 논평에서 그에 대한 조사가 필요하다고 지적했다. 그들의 논평은 절대적 위력을 발휘하였다. 오히려 그들은 자신들이 근무하는 대학에 벤치마킹할만한 것이 없을까 찾는 데 열중이었다. 또 같은 해 8월, 전체 학원 교직원의 연수회가 열렸다. 그때 중앙교육심의회(中央敎育審議會, 한국의 교육 개혁 자문 회의에 해당)의 맴버를 역임했던 인사를 초청하여 교육의 개선 방향에 대한 강연을 듣게 되었는 데, 새로운 것은 전혀 없었다.

　　그러나 강연 후 열린 분과 회의에서는 그에 대한 후속 조치가 논의되었다. 뭔가 정부와 연계된 인사들의 발언은 그 타당성 여부를 떠나서 신의 목소리와 동격화되고 있다는 사실에 놀랐다. 그러니 문부성(한국의 교육부에 해당)이나 정부기관의 지시는 더 언급할 필요가 없다. 일본의 조직 문화는 복지동안(伏地動眼)을 강요한다. 이노베이션은 먼 곳의 이야기일 뿐, 근본적으로 조직 전체가 활성화될 수가 없는 문화에 갇혀 있다.

재량권은 조직 문화의 생명

필자는 학위 취득 후 1992년 8월부터 1996년 10월까지 짧지 않은 기간을 〈아시아 태평양 경제 연구소〉에서 보냈다. 역대 최장수 재무부 장관을 역임(1974년 9월-1978년 12월)했던 분의 브레인 집단이다. 그분을 보좌하면서 박정희 대통령의 리더십에 대해서 많은 흥미로운 얘기를 들을 수 있었다. 학문적으로 기록해 둘 가치가 있는 아주 귀중한 내용들이었다.

그로부터 한참 후인 2001년 자서전 집필을 곁에서 도우면서 박정희 대통령의 인사관리 스타일을 상세하게 들을 수 있었다. 그 핵심은 하위 조직에 재량권을 최대한 부여하고 보호했다는 점에 있다. 그분은 일찍부터 박 대통령의 신임을 바탕으로 외부의 눈치를 보지 않고 맘껏 즐겁게 맡은 바 소임을 다할 수 있었다고 한다. 한 번 신뢰하면 끝까지 신뢰하고 중용하는 박 대통령의 인사관리 스타일을 특유의 '용인술'이라고 표현했다. 이를 통하여 대통령의 신임을 받아 장기간 중용될 수 있었다고 했다.

그 시대는 누구라도 박 대통령의 리더십 속에서 국가를 위해서 신명나게 일하는 것을 영광으로 생각했다고 한다. 박 대통령은 일단 하위 조직에 맡긴 정책이 결정되면 현장을 지휘하면서 끝까지 실천하는 리더십을 행사했다. 하위 조직에 사사건건 간섭하는 리더십이 아니다. 하위 조직에 재량권을 부여하여 열정을 이끌어 내는 리더십이다. 경부고속도로, 포항제철, 중화학 공업화, 방위산업 육성 등 박정희 정권이 도전했던 굵직굵직한 프로젝트는 그렇게 완성되었다고 한다. 이러한 용인술이 한국 경제를 가난으로부터 구해낸 리더십이라는 데는 이의가 없다.

그분은 필자가 연구 과제를 수행할 때 재량권을 맘껏 발휘할 수 있도록 배려를 아끼지 않으셨다. 그 성향을 익히 알고 있던 터라, 연구 결과에 대해서는 이의를 달지 않으셨다. 때로는 엄격한 면도 없지 않았으나 돌이켜 보면 능력을 맘껏 발휘할 수 있었던 시간이 아니었나 한다. 하위 조직이 활성화될 수 있도록 재량권을 최대한 부여한 후, 조직의 열정과 능력을 이끌어내는 리더십이야말로 글로벌 시대에 부합되지 않을까 한다.

3. 매너리즘에 갇힌 사회

자연 재해의 공포

일본은 자연 조건이 그다지 좋지 못하다. 연례적으로 수십 개의 태풍이 일본 열도에 상륙하여 엄청한 피해를 몰고 온다. 그나마 태풍은 예고되어 있어 대비할 수 있는 시간이 있다. 예고가 전혀 없는 지진은 그야말로 공포의 대상이다. 마치 출렁다리 위에 있는

기분이다. 그 이미지가 계속 각인되어 조그만 출렁거림에도 깜짝깜
짝 반응하게 된다. TV 긴급 뉴스에서는 여진(餘震) 가능성을 전한
다. 여진은 더욱 공포스럽다.

　원전(原電) 의존도가 높은 일본으로서는 지진이 공포의 대상이
아닐 수 없다. 일본 에너지의 원전 의존도는 2010년 29%까지 올
랐으나, 그 이듬해 동일본 대지진 및 원전 사고로 전국의 원전이 거
의 멈추어 2015년 11월 현재는 1%를 차지하고 있다. 그러나 원전
재가동이 시작되면서 의존도는 점점 올라갈 것으로 예상된다. 실
제로 정부는 2030년 경 원전 의존도를 20-22%로 유지하겠다는
계획을 발표한 바 있다. 원전 사고의 가능성은 항존할 수밖에
없다.

　여기서 후쿠시마 제1호 원전 사태를 언급하지 않을 수 없다.
당시 전 세계는 일본의 과학 기술 수준을 고려했을 때 자력으로
충분히 극복할 수 있을 것이라고 믿었다. 프랑스가 오수 처리를 지
원하겠다고 하자, 일본이 그 제안을 즉각 거부했으니 더욱 믿음직
했을 것이다. 그러나 자연재해 앞에 일본의 과학 기술은 전혀 위력
을 발휘하지 못했다. 세계 최첨단을 자랑하는 로보트는 실험실용
에 불과했지, 원자로 내부의 사정을 관찰하는 데 전혀 활용되지 못
했다. 오염수 처리는 전혀 하지 못하고 그냥 바다로 흘려 보냈다.

　나중에 밝혀졌지만 한계를 감지한 도쿄 전력 주식회사는 우왕
좌왕하다 철수를 결정했다고 한다. 그럴 경우 오염 지역이 확대되

어 도쿄까지 위험에 빠질 것이라는 보도가 연이었다. 일본 망국론이라는 얘기까지 나왔다. 이에 놀란 칸 나오토(菅直人) 수상은 헬기로 날아가 결사항전(決死抗戰)의 자세로 복구에 임할 것을 지시하기까지 했다. 결국 발전소는 폐쇄되고 아직까지 해결되지 않은 채 방치되고 있다. 이제 그 지역의 방사능 오염 제거는 불가능한 것으로 인식되고 있다. 일본인들은 그곳의 농수산물을 외면하고 있다. 한국과 대만도 그곳의 농수산물 수입을 금지하고 있어 일본과 통상마찰이 생기고 있다.

여기서 지역이기주의가 어떤 것인가를 볼 수 있었다. 쓰나미 및 원전 사태로 넘쳐난 쓰레기 잔해 그리고 방사능 오염 지역의 복구 등의 문제는 심각했다. 엄청난 쓰레기 잔해 처리는 결코 간단치 않았다. 수년이 걸릴 것으로 예상되었다. 더욱 심각한 문제는 방사능 오염을 어떻게 제거하느냐였다. 방사능 오염 처리를 위하여 모든 지역을 30cm 이상 개토하여 새 흙으로 갈아 까는 작업이 시작되었다. 과연 이것이 효과가 있을까? 식별이 불가능한 오염 지역을 모두 개토하는 것은 물리적으로 불가능하다. 또 방사능의 대부분은 빗물에 휩쓸려 이미 땅 속으로 스며들었다. 문제는 쓰레기 잔해와 오염된 흙을 처리, 보관할 수 있는 장소가 제한되었다는 점이었다. 후쿠시마 겐은 전국의 도도후켄(都道府縣, 한국의 시도市道 지자체에 해당)에 고통 분담을 읍소했다.

각 지자체 중 몇몇 지사는 받아들이고자 했다. 오사카 지사

일본 열도는 왜 후진하는가

가 그랬다. 그러나 주민은 쓰레기나 흙은 방사능에 오염된 물질이기 때문에 받아들일 수 없다고 일제히 반대했다. '우리' 의식이 전혀 없는 일본의 지역이기주의의 적나라한 모습이다. 일본 사회에서는 집단의식, 우리 의식을 전혀 느낄 수 없다. 할 수 없이 지금까지도 그 지역 곳곳에 보관, 처리하고 있다. 아마 영구 보관할 수밖에 없지 않을까 한다.

그 영향 때문인지 그 지역 주민들의 갑상선(甲狀腺) 이상이 예사롭지 않다는 보도가 심심치 않게 들린다. 지금도 일본 주민들, 특히 어린이들은 방사능 오염에 매우 민감하게 반응하고 있다. 그럼에도 불구하고 매년 전국의 대학생들이나 NGO 단체는 그곳에서 복구 활동을 지원하고 있다. 한국에서 이러한 사태가 일어났다면 우리 의식이 발동되었을까를 생각해 봤다.

그 지역은 정말 모든 것이 흔적도 없이 사라졌다. 토지의 경계선마저 없어졌으니 소유권을 주장하지도 못할 정도였다. 참으로 애처로웠던 것은 대대손손 일궈온 된장 공장이 쓰나미의 피해로 흔적도 없이 사라진 참혹한 광경이었다. 피해 현장을 둘러보던 사장이 겨우 발효 씨앗을 발견하고, 복원을 하고자 인근 대학에 의뢰하던 모습은 지금도 생생하다. 다행히 대학의 노력 끝에 복원할 수 있었다. 그 씨앗으로 다시 일어서겠다고 다짐하던 모습은 눈물 겨웠다.

피해 지역을 돕기 위한 모금 활동이 전국 각지에서 전개되었다. 필자의 아들도 그곳으로 꼭 가야만 하는 일이 생겨 비행기 표를 구매할 예정이었다. 이에 대해서는 뒤에서 언급한다. 갈 수 없게 되자 비행기 표 구입을 포기하고, 필자는 그 돈을 학내의 모금 활동에 기부했다. 일본 국내의 비행기표 값은 한일 노선보다 비싸다. 적지 않은 금액이었다. 나중에 학내 모금 금액을 보니 필자의 기부금이 절반 이상을 훨씬 넘게 차지했다. 일본인들의 소극적 참여 의식을 다시 한 번 확인할 수 있었다. 타인에 대한 배려가 이 정도인가를 생각하니 기분이 씁쓸하기 그지 없었다. 지금도 모금 활동은 자주 벌어지고 있다.

2014년 2월 도쿄 지사 선거에서는 원전 완전 폐기가 선거 이슈로 등장하기도 했다. 수상을 역임했던 고이즈미(小泉純一郎)가 밀고 호소카와(細川護熙)가 후보가 되어 고이즈미는 자신을 정치적 스승이라고 공언한 현 아베 수상과 격돌하게 되었다. 결과는 양 수상의 참패로 끝났다. 앞으로는 원전 폐기가 선거 이슈화되기는 어려울 것이다. 지금도 선거 이슈에서는 원전 폐기보다는 동일본 피해지역에 대한 복구 지원이 단골 메뉴로 등장한다.

자연 순응적 문화

이처럼 자연조건이 안 좋은 환경 속에서는 누구든지 안정, 안전을 갈망하게 된다. 이 때문에 일본 사회 문화를 '자연 순응적',

일본 열도는 왜 후진하는가

'자연 발생 수신형'이라고 표현하기도 한다. 현실주의 내지 현세 이익주의, 집단적 현상, 자연의 절대화, 목표의 절대화, 수용적 태도 등이 그것이다.[8] 그래서인지 일본은 신(神)의 나라라고 불린다. 어디를 가도 자연 숭배를 볼 수 있다. 인간의 무력함을 신에게 호소함으로써 안위를 지키려는 '샤머니즘 문화'의 표현이다. 일본인들이 외부 종교를 그다지 선호하지 않는 것도 여기에서 연유하지 않나 한다.

흥미로운 사회 문화는 보통의 일본인이라면 누구든지 태어나서는 신사에 가서 무사 안녕을 기원하고, 성인이 돼서 결혼식은 교회에서 올리고, 장례식은 불교식으로 치른다는 점이다. 일생 동안 모든 종교를 한 바퀴 돌고 인생을 마치는 것이다. 특정 종교에 집착하는 경우는 볼 수 없다. 자연 순응적 문화의 단면이다. 또 특이한 것은 각 신사가 그 설립 목적에 따라서 전문화되어 있다는 점이다. 사업의 번창을 기원하는 신사, 입시의 행운을 기원하는 신사, 건강을 기원하는 신사 등으로 매우 세분화되어 있다.

오마모리(お守り)라고 불리는 일종의 '부적'도 판다. 그 종류도 다양하고 가격도 천차만별이다. 필자도 주변 일본인들의 추천으로 스스로 안위를 얻고자 멀리 교토에 있는 신사에 두 번이나 가서

---

8   長谷川啓之, 『アジアの經濟發展と政府の役割』(東京 : 文眞堂, 1995), pp. 122―3.

아들의 입시 행운을 기원한 바 있다. 그 힘을 입어서인지 두 번이나 무사히 합격하는 행운을 누릴 수 있었다. 고객이 많아서인지 신사의 주인(神主, 간누시)이나 사찰의 주인(住職, 주쇼크)은 부유층으로 세습하는 경우가 많다. 그들의 결혼은 일반화되어 있다.

위기 대응 매뉴얼은 매너리즘의 장식품

자연 재해에 대응하기 위해서는 그를 상정한 행동 계획을 규정할 필요가 있다. 그것이 매뉴얼 문화의 시발점이다. 예컨대 아침 9시 이전 태풍 경보가 발생하면 그날의 대학 수업은 휴강을 한다고 규정하고 있다. 대중교통인 전차(지하철)도 멈춰버린다. 항공도 멈춘다. 그렇다면 9시 반에 태풍 경보가 발생하면 어떻게 하는가? 여기에 대해서는 매뉴얼에 규정돼 있지 않다. 여기 저기서 문의 전화가 빗발치면서 대학이나 기업은 허둥지둥하기 시작한다. 자연재해 뿐만 아니라 어떤 위기도 결코 매뉴얼대로 발생하지 않는다. 모든 경우의 수를 매뉴얼로 규정할 수는 없다.

매뉴얼은 영혼 없는 서류에 불과함에도 일본인들은 그에 얽매여 위기에 제대로 대응하지 못하는 경우를 자주 봤다. 동일본 대지진이 발생했을 때, 각국은 피해가 커진 원인으로 매뉴얼 문화를 지적했다. 일본인들의 유연한 사고를 가로막는 가장 커다란 원인이 여기에 있지 않은가 한다. 그렇다고 매뉴얼을 무시하라는 얘기는 결코 아니다. 그것은 하나의 가이드라인 기능을 해야 한다는 점을 강조하고 싶다.

일본인에게는 어떤 매뉴얼이라도 숭배의 대상이다. 매뉴얼에 지나치게 집착하면 매너리즘에 빠지게 된다. 필자가 부임 첫해인 2004년 6월 겪었던 일화이다. 필자는 연세대학교 출신이라 재학 중 채플 시간이 있었는 데, 아주 즐거웠다. 그 시간은 사회 명사의 얘기도 들으면서 장래의 꿈을 키웠고, 또 옆자리의 타학과 친구들과 어울릴 수 있는 귀중한 기회였다. 채플은 모든 학생을 기독교 신자로 만들고자 개설한 필수 과목이 결코 아니었다. 지방 출신인 필자는 그 시간이 너무 새로웠다. 발레나 성악 등을 처음으로 접했을 때는 문화 충격을 받았을 정도이다.

그런데 본교에 부임하니 채플은 교회의 예배 시간과 같았다. 학생들은 전혀 즐거움을 모르고 결석하는 경우가 다반사였다. 6월 어느 날, 채플린에게 필자의 대학 시절의 채플 이야기와 학생들의 태도를 전하면서 채플이 매너리즘에 빠져있는 것은 아닌지 반성할 여지가 있다고 했다. 그랬더니 채플린은 다소 실망한 눈빛으로 필자를 바라보더니 왜 매너리즘이라고 하는 지 이해할 수 없다고 했다. 그렇다. 한 곳에 꽂힌 사람은 그것을 최선인 양 받아들이고 다른 것을 받아들이려고 하지 않는다. 필자의 의견을 받아들였는지, 그 이후부터는 채플의 주제가 변하기 시작했다. 그 이후 채플 시간에 윤동주의 독립 사상, 한국의 민속 무용 등의 다양한 테마가 마런되어 학생들의 마음을 움직이기 시작했다.

2010년 10월 참으로 어처구니 없는 경험을 했다. 학생처에서는 학교 축제를 준비하고 있었는데, 학생과장은 만일 행사 중 가설 무대가 무너진다든지, 어떤 불상사가 발생할 경우 어떻게 대응하는가를 의제로 제기했다. 그 직원은 매뉴얼대로 학장에게 보고하고 그의 지시에 따르면 된다고 생각했을 것이다. 그것을 눈치채고 필자가 "당신은 어떻게 하겠는가?"라고 물었다. 그 대답은 예상했던 대로였다.

필자는 분노가 끓어오르는 것을 억누르면서 "촌각을 다투는 중환자가 발생해도 그렇게 하겠는가?"라고 되물었다. 아무런 대답도 없었다. 그래서 필자는 환자의 상태가 어떻든 일단 119에 연락하여 앰뷸런스를 불러 병원에 이송한 뒤, 학장에게 사후 보고하는 것이 합리적이라고 정리했다. 만일 매뉴얼대로 처리하지 못한 것에 대한 책임을 물으면 필자가 그 책임을 지겠노라고 했다. 뒤집어 보면, 그 직원의 머릿속에서는 생명을 지키는 것보다 매뉴얼을 지키는 게 더욱 중요했을 것이다.

같은 해 12월에는 대학원생 논문 심사를 둘러싸고 대학원 교수 회의에서 소동이 일었다. 당시 대학원은 논문 심사용 보고서를 금요일 5시까지 제출하도록 규정하고 있었다. 그런데 필자가 지도하는 학생을 포함하여 4명이 마감보다 20분 늦게 제출한 것이다. 그 학생들은 복사기 고장으로 부득이 늦게 제출할 수밖에 없었다고 했다. 이게 소동을 일으킬 줄은 전혀 예상하지 못했다. 그것을 심사용으로 인정하느냐 마느냐가 대학원 교수 회의에서 의제로 거론된 것이다. 20분 늦음으로써 전체 진행에 악영향을 미쳤다면 그럴 수도 있다. 처음에는 농담인 줄 알았다.

필자로서는 전혀 얼토당토 않은 의제라고 생각하여 빨리 논란을 잠재우고 싶었다. 복사기가 고장났고 복사기 고장에 대해서는 학교도 어느 정도 책임이 있으니 인정해야 한다고 했다. 그래도 논란은 한 시간 반 동안 계속 되었다. 결국 찬반 거수로 결정하여 가까스로 4:3으로 인정해 주기로 하고 일단락 지었다. 그때 필자가 지도한 중국인 여학생은 무사히 졸업하여 지금은 고향인 내몽고(內蒙古) 대학에서 교수로 재직하고 있다. 2013년 10월 그 학생이 모교로 찾아와 만난 일이 있다. 그 얘기를 하면서 서로 웃고 말았다.

그 이듬해 3월에 겪은 일이다. 오래 전에 본교의 단기대학(한국의 전문대학에 해당)을 졸업하고, 2010년 4월 본교 3학년으로 편입하여 학업에 열중하던 연로하신 분이 계셨다. 그분의 모습은 참으로 부러웠다. 어쩌면 필자의 먼 훗날의 모습이기도 했다. 필자의 과목도 수강을 한 바 있어 많은 얘기를 나눌 수 있었다. 일본에서는 퇴직자가 대학에서 청강을 하거나, 편입을 하는 경우는 흔히 볼 수 있는 풍경이다. 그런데 그분이 겨울방학 중에 갑작스럽게 타계하셨다. 학적을 변경해야 하는 일이 생긴 것이다. 아마 한국 같으면 사망을 이유로 교무처의 판단으로 제적 처리로 끝났을 것이다.

그런데 일본에서 학적 변경은 전체 교수 회의의 중요한 안건 중 하나이다. 그분도 이미 사망했으나, 학내 규칙에 따라서 퇴학(한국의 자퇴에 해당) 절차를 밟아야 했다. 도저히 이해가 되지 않는 부분이다. 이러한 매너리즘에 일침을 놓고 싶었다. 교수 회의에서 안건으로 거론되었을 때, 필자는 "만약 교수 회의에서 통과가 되지 않는다면, 그분이 살아서 돌아오는가?"라고 반론을 제기했다. 학장을 비롯하여 모든 교수들도 불합리한 절차라는 것을 이미 알고 있는 듯, 빙긋이 웃고 있었다. 결국 통상대로 거수로 결정하여 그분의 퇴학 처분이 이루어졌다. 지금 생각해봐도, 일본 사회의 매너리즘은 이해하기 어렵다. 그로 인하여 발생하는 시간과 비용은 상상을 초월할 것이다.

매너리즘 문화에 의한 의욕 상실

상황이 바뀌면 매뉴얼도 바뀌어야 마땅하다. 일본 문화에서 그런 의식 변화는 느끼지 못한다. 그러다 보니 업무가 중복되고, 유사 업무가 자꾸 쌓일 수밖에 없다. 지식 노동자라기보다는 단순 노동자의 모습이다. 일본인 직원들은 업무의 증가를 호소한다. 가만히 들여다 보면 중복되고 유사한 업무를 계속하고 있기 때문이다. 새로운 업무가 시작되면 이것이 기존의 업무와 어떤 관계가 있는가를 먼저 생각해야 한다. 그때 기존의 업무와 중복 또는 유사하다면

일본 열도는 왜 후진하는가

어떻게 통합하여 효율적으로 할 것인가를 고려해야 한다.

앞서 말한 대로 필자는 외국인으로서 부임 이후 줄곧 유학생 생활 지원을 담당해 왔다. 이 업무를 담당하는 직원은 매년 1, 2학기마다 유학생의 생활 지도를 해야 한다. 그래서 일정 기간 동안 1주일 내내 점심시간을 이용하여 생활 지도를 한다. 그때는 출입국 관리사무소의 규정(아르바이트, 비자, 장학금 등)이 주요 내용이 된다. 2009년 2학기 유학생 수는 크게 줄어드는 데, 그 직원의 지도 방법은 전혀 변하지 않고 있다는 생각이 들었다.

그 며칠 전 담당 직원은 과로로 입원을 한 적도 있다. 그 직원의 부담을 줄이고자 월요일부터 금요일까지 했던 것을 유학생 수가 줄어들고 했으니 두 번만 하면 어떻겠냐고 물었다. 그 직원은 그렇게 해서 만일 문제가 생길 경우 문책받을 우려가 있어 힘들어도 지금의 형태를 그대로 유지하고 싶다고 했다. 필자가 학장이라면 지금의 업무를 절반으로 줄일 자신이 있었다. 그 방법은 아주 간단하다. 유사, 중복 업무를 통폐합하는 것이다.

필자는 한국에서 근무할 때, 한일 관계를 개선하는 데 다소 도움이 될 수 있으면 좋겠다는 생각을 늘 했다. 그것이 일본에 오게 된 동기이기도 하다. 그 방법으로 한국과 일본의 청소년이 교류할 수 있는 기회를 만들어 주는 것이 좋지 않을까 했다. 이를 실천하기 위하여 부임 이후 한국의 각 대학 선후배들을 찾아다니면서 제안을 했다. 2008년부터 본교 학생들을 인솔하고 한국 대학으로 한국어 연수를 떠난 것도 같은 맥락에서이다.

　나중에는 고등학교와도 교류를 확대하는 것도 좋지 않을까 생각했다. 한국의 고교 과정에서 제2외국어 과목을 살펴보니 일본어가 압도적으로 많았다. 필자의 고등학교 시절에는 독어와 불어가 많았으나 지금은 상황이 전혀 달랐다. 그것을 간파하고 일본 대학생들이 봉사 활동으로 한국의 고교에 가서 일본어를 지도하면서 한국 문화를 체험할 수 있다면 일석이조라고 생각했다. 한국의 대학이나 고등학교에서는 필자의 제안을 대환영했다.

　한국 사정을 모르는 학장은 필자의 제안을 환영하고 내게 일체를 위임할 것이라고 생각했다. 그러면 늦어도 한 달 이내로 교류 협정 체결이 이루어질 것으로 확신하고 있었다. 그러나 그것은 큰 착각이었다. 일본의 매너리즘을 그때까지 깨닫지 못하고 있었던 것이다. 2008년 신라 대학에서의 한국어 연수를 인연으로 그 대학과 교류 협정 체결을 추진하고자 했다. 학장에게 그 사실을 전했더니 좋다고 했다. 그 이듬 해 2월부터 신라 대학과 본격적인 절차에 들어갔다. 내게 맡겨졌다고 착각했다. 그런데 실망스럽게도 본교는 그 이후 묵묵부답이었다.

　무슨 내부 절차가 그렇게 복잡했는지 그것이 결실을 맺기까지는 1년 2개월이라는 시간이 걸렸다. 그 이후 덕성여자 대학과 교류 협정을 체결하기까지도 마찬가지였다. 한국의 두 곳의 고등학교와도 그렇게 오랜 시간이 걸렸다. 한국의 대학으로부터 본교를 더 이상 신뢰할 수 없다는 비난을 감수해야만 했다. 그쪽 파트너가 선후배였기에 다행이지 모르는 사람이었다면 한국 학계에서 내 신용도는 수직 추락했을 것이다.

매너리즘에 젖어 있는 조직을 통하면 되는 것도 없고, 안되는 것도 없다는 것을 깨달았다. 필자는 일본 문화의 매너리즘에 크게 실망하고 더 이상 학교를 통하여 한일 대학생 교류를 하지 않았다. 덕성여대와 교류 협정을 맺은 인연이 된 2010년 '국제 교류 세미나'는 시종일관 필자의 기획과 부담으로 성사되었다. 그때와 그 이듬해 두 번씩이나 본교까지 찾아준 후배 교수와 덕성여대 정치외교학과 학생들에게 고마움을 갖고 있다. 언젠가 그때의 고마움에 보답할 수 있는 기회가 오기를 기대한다.

고위 보직자이지만 학교의 행정에 그다지 관여하고 싶지 않은 것은 앞서 언급한 재량권 없는 장식품 역할이 싫고, 또 이때의 쓰라린 경험 때문이다. 지금도 학장이 무엇을 맡기려고 하면 정중히 사양한다. 아무리 학장이라도 실무를 다 알 수 없다. 또 알 필요도 없다. 그것이 최고 결정자의 위치이다. 실무를 모르면 잘 아는 당사자에게 맡기면 된다. 그러면 실무자는 스피드와 효율성을 배가시킬 수 있다. 왜 그렇게 장기간 끌어안고 있었는지 지금 생각해도 도무지 이해가 가지 않는다.

동일본 대지진 및 원전 사태에서의 매너리즘 문화

　앞서 언급한 동일본 대지진 및 원전 사태 이후 보여진 일본 조직 문화의 매너리즘으로 필자는 커다란 화근을 겪을 뻔했다. 그 금요일을 기억하는 이유는 하마터면 가족이 그 사태에 휘말릴 수 있었기 때문이다. 필자의 아들은 2004년 한국에서 초등학교를 마치고 일본어도 전혀 못한 채 이곳의 중학교에 입학했다. 얼마나 심적 스트레스가 컸을까를 생각하면 지금도 마음이 찡하다.

　2010년 1월 고교 3년생 때 한국의 수능에 해당하는 센타 시험을 치렀는데, 하필 국어(일본어) 시험이 아주 어렵게 출제되었다. 외국인으로서는 최악의 상황에 직면한 것이다. 그 때문에 도쿄 대학 지원을 포기하고 오사카 대학과 도호쿠 대학(東北大學)을 놓고 고민하던 끝에 도호쿠 대학의 공학부를 선택했다. 그 대학은 지진의 진앙지였던 센다이(仙台)에 있다.

　4월 입학 직전 아들은 진학을 포기하고 재수를 하겠다고 했다. 필자는 만약을 대비하여 학적을 유지할 필요가 있다고 판단했다. 바로 휴학을 하려니 적어도 한 학기를 다녀야 한다는 규칙이 있었다. 그래서 억지로 한 학기를 다니고 8월 휴학계를 제출한 후 오사카로 돌아와 재수를 시작했다. 운좋게도 2011년 2월 도쿄 대학 이학부에 응시하여 합격을 했다.

　그 발표일이 3월 9일 수요일이다. 일본에서는 반드시 학적 이동

　　　　　　　　　　　　　　일본 열도는 왜 후진하는가

의 흔적을 깔끔히 처리해야 한다. 그렇지 못하고 두 학교에 동시에 재적할 경우, 양쪽으로부터 재적이 취소된다. 반드시 한 쪽은 포기해야 한다. 자퇴서는 담당 교수와의 면담을 거친 후 제출할 수 있다. 도호쿠 대학에 가서 지도 교수와의 면담 후 자퇴서(일본에서는 '퇴학원'이라고 함)를 내기 위해 토요일 센다이로 갈 예정이었다.

금요일 아내가 비행기 표와 호텔 예약을 위해 인근의 여행사에 들려 이런저런 상담을 하고 있었는데, 갑자기 흔들리더니 컴퓨터와 전화가 두절되더란다. 동북부로부터 한참 떨어진 오사카 지역에서도 느낄 정도였으니 지진의 규모는 짐작할만하다. 그때 필자는 연구실에 있었으나 다행히 지진은 전혀 느끼지 못했다. 집에 돌아와 TV를 켜니 동일본 지역에 커다란 지진이 발생한 것이다.

만일 아들이 재수를 하지 않았더라면 꼼짝없이 대지진에 휘말릴 수 있는 아찔한 순간이었다. 문제는 그 이후이다. 센다이로 갈 수 있는 항공편이나 열차편이 모두 두절되었다. 도호쿠 대학에 전화를 해도 전혀 연락이 되지 않았다. 혹시나 하고 매일 전화를 해보았다. 한 달 후쯤, 겨우 연락이 닿아 우편으로 서류를 주고받으면서 무난히 자퇴를 할 수 있었다.

아무리 재해가 일어났더라도 그 지역에 비상물자 공급이 안된다거나, 전혀 연락이 닿지 않는 것은 상식 밖이다. 어느 기관이든지 기능 마비를 피하기 위해 비상 계획을 갖추고 있다. 도호쿠 대학도 마찬가지일 것이다. 그 계획은 뿌리 깊은 매너리즘 문화에서 비롯된 서류 조각에 불과했다. 비상시에는 전혀 작동되지 못한 것이다.

그런 경험은 필자도 여러 번 했다. 앞서 언급했듯이 2008년 여름 한국어 연수생을 인솔하고 간사이(關西) 공항에 도착했는데, 학생들이 보험 가입 문제를 문의해 왔다. 필자도 처음인지라, 비상 연락망으로 학교 담당자를 찾았으나 허사였다. 또 2015년 11월 3일 공휴일인 줄 모르고 출근했다. 당연히 학교는 텅텅 비어 있었다. 필자는 공유일은 전혀 생각하지 못하고 교직원 전용 비상 전화로 왜 그런지 확인하고자 했다. 그러나 허사였다. 비상 연락망은 매뉴얼 문화가 만들어낸 장식품에 불과했다. 이런 경험을 하면서 일본의 형식적 매뉴얼을 더 이상 신뢰하기가 어려워졌다.

매너리즘의 반 인터넷티즘

일본의 TV프로그램을 볼 때마다 매너리즘 문화가 뿌리 깊다는 것을 느낀다. 필자가 1996년 10월 일본에 왔을 때의 도쿄 권역의 프로그램이나, 2004년 3월 말 오사카에 왔을 때의 간사이(關西) 권역의 프로그램은 지금도 바뀐 게 거의 없다. 한국 TV 프로그램은 장수하는 것도 있지만 대략 1-2년 정도, 시청률이 저조할 때는 소리없이 바로 사라진다. 한국 문화는 매너리즘과 거리가 있다는 것을 보여 준다. 그래서 일본 TV를 보면 참 지루하다. 일본인들도 TV프로그램이 지루하다고 할 정도이다.

창의력이나 도전 정신이 솟구칠 수 있는 분위기가 아니다. 글로벌화 및 정보화 시대에서 현상 유지란 있을 수 없다. 옛 것이 늘 좋은 것만은 아니다. 옛 것은 현재에 도움이 될 때 빛을 발한다. 시대의 변화를 외면하고, 그에 집착하면 상대적 퇴보가 있을 뿐이다. 또한 구성원들은 하나의 부품으로 전락된다.

이러한 매너리즘 때문에 일본은 정보화 사회에 뒤쳐지게 되었다. 1980년대 초 한국의 원로 분께서 『축소 지향의 일본인』이라는 책을 출판하여 선풍을 일으킨 바 있다. 또 『작은 것이 아름답다』라는 일본 문화를 찬양하는 책도 출판된 적이 있다. 일본인들은 뭐든지 조그맣게 개량하려는 습관을 갖고 있다. 필자가 2013년 4월 미국에 갔을 때, 처음 깨달은 사실은 미국 것은 계란을 제외하고는 일본 것보다 뭐든지 커 보였다는 점이다.

중국 유학생들을 보면 통이 크다는 것을 느낀다. 확대 지향 문화 속에서 사회화된 그들은 일본의 축소 지향 문화를 답답하게 생각하고 있을 것이다. 한때는 이러한 문화가 일본 전자산업의 원동력이었다. 전자산업이야말로 뭐든지 작게 만들어야 하기 때문이다. 그런데 그에 꽂히게 되면서 다른 영역을 볼 수 없는 매너리즘에 빠지게 된다. 전자라는 네트워크를 잘 구성할 수 있으나, 인터넷티즘(internetism, 다른 네트워크와의 관계)을 설정하는 능력을 갖추지 못한다.

일본인들의 성격을 '꼼꼼하다(几帳面)'라고 표현한다. 꼼꼼함은 집중력을 의미한다. 그것이 뭐든지 작게 만들려는 근성을 키웠지 않나 한다. 이러한 성격은 하나의 네트워크를 구성하기에는 적합할지 몰라도 전체를 보는 시야를 좁힌다. 인터넷티즘과는 거리가 먼 성격이 아닐까 한다. 정보화 시대는 인터넷티즘을 주축으로 한다. 일본 사회가 어느 날 깨어 보니, 세계 문명은 인터넷티즘을 기반으로 하는 정보화 시대로 전환되고 있었던 것이다. 굴뚝 산업이 주축이 되고 있는 일본 산업은 정보화와 결합하지 못했다. 아마 세계인들은 일본 전자 기업이 스마트폰을 생산하는지도 모를 것이다. 그만큼 세계 시장에서 존재감은 전혀 없다.

1997년 생산되기 시작한 도요타의 프리우스(Prius) 자동차는 지금도 세계적 선풍을 일으키고 있다. 자동차라면 가솔린을 원료로 쓴다는 고정관념이 지배적일 때, 자동차라는 네트워크와 전기라는 네트워크를 결합하는 이노베이션을 일으켰다. 즉 프리우스는 인터넷티즘의 산물이다. 그 이외에 떠오르는 인터넷티즘의 상품은 없다. 1980년대까지 세계 시장을 주도하던 일본의 전자산업은 후발 주자로 주저앉고 말았다. 부품 산업이 세계 시장을 주도하고 있으나 그것은 하나의 네트워크의 산물일 뿐이다. 인터넷티즘의 산물이라고 말하기 어렵다. 인터넷티즘 상품의 하청에 불과하다.

하나의 네트워크에서 탄생하는 굴뚝산업에서는 일본이 여전히 독보적인 경쟁력을 갖추고 있다. 2009년 민주당 정권에서 엔고가 절정에 달하고 있을 때, 전체 기업 중 20% 정도는 엔고와 전혀 상관없다고 답변한 것을 필자는 기억하고 있다. 필자는 외국에 출장갈 때마다 백화점에 들려서 한국, 일본 상품을 둘러본다. 왠만한 외국 매장에서 한국의 가전 제품은 이미 일본을 앞질렀다. 그 이외의 상품에서는 여전히 일본 상품이 세계 시장을 지배하고 있다.

2013년 미국에서 귀국하고자 간단한 선물을 구입하러 여러 매장에 들렸던 적이 있다. 일본 상품의 위력은 여전했다. 하물며 대부분의 편의점까지 세계 어디를 가든 일본 브랜드가 지배하고 있다는 데 놀랐다. 그것이 인터넷티즘과 결합할 때 그 위력은 더욱 커질 것이 분명하다.

매너리즘 문화에의 도전

아이로니컬하게도 일본 비정규직의 증가는 기업 내부의 매너리즘을 허물어뜨리는 긍정적 역할을 하고 있다. 그렇다고 비정규직을 늘려야 한다는 얘기는 결코 아니다. 오히려 그들의 정규직화는 고용 안정을 위해서 반드시 필요하다. 2015년 2월 현재 일본 전체 고용자수 가운데 38%가 비정규직이다. 한국은 2013년 8월 현재 22.4%가 비정규직이다. 비정규직은 고용 불안을 유발하는 주범임이 틀림없다. 비정규직의 증가와 함께 조직에 대한 충성심이 약화되고, 애사심도 감소할 수밖에 없다. 이들이 내부 고발자로 활동하면서 매너리즘에 도전장을 내밀고 있는 것이다.

사실 일본 사회에서 내부 고발은 상상하기 어렵다. 매장되기 쉽기 때문이다. 2011년 2월 앞서 언급한 도요타의 대량 리콜 사태는 비정규직의 내부 고발로부터 시작됐다는 보도가 있었다. 근거 없는 얘기로는 보이지 않는다. 또 어느 유명 음식점에서 손님이 먹고 남은 음식을 다시 다른 손님에게 올린다는 내부 고발, 유명 호텔 레스토랑에서 육류의 원산지를 둔갑시키고 있다는 내부 고발 등 일본에서는 내부 고발 뉴스가 심심치 않게 들린다.

필자는 한국 SBS TV의 '런닝맨'이라는 프로그램을 즐겨 본다. 그 이유는 매너리즘을 타파하도록 하는 방법을 시사하기 때문이다. 팀의 긴장감을 높이기 위하여 상어급의 선수를 투입한다. 그러면 구성원들은 그 상어에 먹히지 않기 위하여 열심히 달린다. 이 프로그램은 매번 그런 틀로 짜여져 있다. 또 다양한 미션을 부여하여 머리를 쓰게 만든다. 이것이야말로 구성원들에게 늘 움직이고, 머리를 쓰면서 매너리즘을 타파하도록 하는 최선의 방법이 아닐까 한다. 언젠가 후배가 지방에서 서울로 올라오는 활어를 싱싱하게 유지할 수 있는 방법은 어항 속에 상어를 넣어서 활어들이 항상 움직일 수 있게 해주는 것이라고 했다.

한국에서의 경험이 생각난다. 1998년 1월 근무지에서 면접시험을 봤을 때이다. 사회과학도인 필자는 교육 연구 기관에 응시를 했다. 그때 면접관은 만일 채용되었을 경우, 기여할 수 있는 테마가 무엇인지 물어 왔다. 필자는 그 동안의 연구를 통하여 서비스 시장의 개방이 곧 불어닥칠 것이고, 또 1989년 출범한 교원 노조가 교육 시장에 커다란 충격을 줄 것이라고 생각하고 있었다. 평소 느낀 대로 교육 서비스 시장과 교원 노조 출범에의 대응 등의 두 가지 주제를 언급했다.

그런데 면접관의 반응은 가관이었다. 지금도 생생하게 기억한다. 초면임에도 불구하고 교육을 시장판으로 생각하느냐, 교원이 노동자냐 등으로 불쾌감을 보였다. 교육 연구계의 리더격이라고 생각하고 있던 터라 그들의 대답은 충격적으로 들렸다. 그들은 매너리즘에 갇혀 있었던 것이다. 그 중 한 사람은 다른 기관의 기관장으로 부임한 후 정치권을 기웃거리는 모습을 보였다. 정치권이 호락호락하게 보였던 모양이다. 아무리 정치권에 인재가 없더라도 그렇게 매너리즘에 갇힌 사람을 환영할 리가 없다. 공천에서 탈락하고 토사구팽(兎死狗烹)되는 과정을 지켜보면서 인과응보가 이런 것이구나 하는 생각이 들었다.

그 후 교육부 장관을 역임했던 스승님을 뵐 수 있었다. 학창 시절 그분은 행정학과(필자는 정치외교학과) 소속이셨는 데, 필자뿐만 아니라 학생 모두에게는 존경의 대상이었다. 그분은 교육부에 가보니 관료 대부분이 사범계 출신이라 사고의 폭이 생각보다는 좁다고 했다. 그것을 타파하기 위하여 사회과학도를 수혈하도록 산하기관에 지시하셨다고 한다. 그 덕분에 필자가 면접을 통과할 수 있었던 것이다. 그곳에서 그때까지는 전혀 제기되지 않았던 교육 시장 개방 문제를 맡으면서 나름대로의 역할을 수행할 수 있었다. 그러나 필자도 근무지에서 스승님과 똑같은 경험을 했다. 매너리즘의 조직 문화에서 더 이상 교육 연구에 흥미를 느끼지 못해, 해외 진출을 준비하기 시작했다.

한국을 떠나기 전인 2002년 창립 기념 행사의 하나로 교육계의 원로를 초청하여 강연을 들은 적이 있었다. 필자는 그 기획 위원으로 참여하고 있었다. 당시 외부 초청자에 대한 강연 보수를 지급하기까지는 보통 한 달 정도 소요되었다. 그런데 그분은 3일 후 전화로 왜 강연료를 지급하지 않느냐고 항의를 해왔다. 누구봐도 강연료에 연연해 하실 분이 아니다. 내부에서는 이런저런 말들이 많았다. 알만한 사람이 그럴 수 있느냐는 비난이 쇄도했다.

필자는 그분의 의도를 금방 알아차렸다. 정보화 시대에 매너리즘에 빠져있는 기관이 그것으로부터 벗어나도록 애정어린 충격 요법을 쓰고자 했던 것이다. 사실 강연료나 기타 수고료를 지급하는 데 그렇게 많은 시간을 소요할 필요가 없다. 그렇게 지나친 매너리즘에 빠져 있었던 것이다. 그 이후 충격 요법이 조직 문화에 신선한 바람을 일으킨 것은 당연하다.

4. 고용 관행의 부메랑 (1) : 종신 고용 제도

65세까지 고용 보장?

필자는 2004년 3월 일본에 입국 후 출퇴근 거리를 고려하여 오사카후(大阪府) 사카이시(堺市) 남부에 새 터를 잡았다. 입주한 곳은 넓은 논밭이 내려다 보이는 45평 정도의 아파트였다(한국의 아파트에 해당하는 공동 주택을 일본에서는 맨션이라고 부른다. 아파트는 작고 질이 떨어지는 공동 주택을 지칭한다). 일본에서는 새로 입주를 하면 자그마한 선물을 들고 이웃들과 인사를 나눈다.

그때 아랫층의 부부가 반갑게 맞아주었다. 부부의 딸이 필자가 근무하게 될 대학의 3학년생이란다. 이런저런 얘기를 나누면서 가장이 세계적으로 유명한 농업 기계 회사의 엔진 디자이너로 일하고 있다고 했다. 필자가 익히 알고 있을 정도로 한국에도 생소하지 않은 기업이다. 60세가 되어 곧 정년을 맞게 된다고 했다. 일본은 60세까지 고용 안정이 보장된다고 한다.

한국에서는 보통 55세에 정년을 맞는 데 비해 참으로 부러웠다. 100세 시대를 맞이하여 55세에 정년을 맞는다는 것은 개인 차원이나 국가 차원에서 커다란 손실이 아닐 수 없다. 정년을 늘리자니 청년 실업이 증가하는 풍선효과가 나타나는 것이 큰 딜레마이다. 그럼에도 불구하고 최근 한국은 임금 피크제를 적용하는 대신 정년을 60세까지로 늘리고 있다. 일본은 60세에 정년을 맞는 반면, 65세부터 연금 혜택을 받기 때문에 그 5년 간의 공백을 메꾸기 위하여 정년을 65세까지로 연장하는 추세에 있다. 여전히 부럽지 않을 수 없다.

65세까지 고용 안정을 보장하는 종신고용 제도와 성과보다는 연령(근무 기간)을 기준으로 인사 및 복지 수준을 결정하는 연공 서열 제도는 전후 일본 기업의 시스템을 유지해 온 핵심축이다. 앞서 일본은 서구의 경영 기법을 도입하는 과정에서 그것을 일본식으로 변형시켰다는 얘기를 했다. 종신고용 제도는 심한 몸살을 앓고 난 후 정착되었다.

이 제도는 고도 성장기의 노동 투쟁, 즉 춘투(春鬪)로 거슬러 올라간다. 일본의 회계 연도는 4월 1일부터 시작된다. 새 회계 연도 직전인 봄에 집중적으로 노사 교섭이 이루어진다고 하여 춘투라고 불렸다. 지금도 매스컴에서는 춘투라는 용어를 쓴다. 노사 교섭의 핵심 쟁점은 임금 인상이었다. 한국이 1980년대 들어서 노사 관계가 심각한 몸살을 앓았듯이 일본은 그보다 먼저 격렬한 노사 투쟁을 겪은 것이다.

그 과정에서 임금이 크게 상승했다. 기업은 더 이상 경쟁력을 유지할 수 없게 되자, 구조조정(감원)으로 대응하려 했다. 이에 반대하는 노조는 춘투라고 표현할 정도로 매년 봄만 되면 파업이 더욱 격렬해져 기업 경영이 어려워질 정도였다. 경기가 악화되는 시점에서는 더욱 격렬해졌다. 이에 노사정(勞使政) 간에는 해고를 하지 않는 대신 임금 인상 요구를 자제한다는 대타협을 이루게 된다. 즉 소득과 고용 유지를 담보하는 복지 정책이다. 이것을 정치경제학에서는 '소득 정책적 조정'이라고 한다.

그 결과 임금 인상 수준의 억제 및 평준화가 이루어질 수 있었다. 이로써 서구와는 다른 장기 고용 관행이 자리잡게 되었다. 실제로 일본 근로자의 근속 연한은 선진국 중에서 가장 길다. 지금도 매년 봄에 노사 임금 단체 협상(임단협)이 이루어지지만, 노조의 과격한 행동이나 대립은 전혀 없다.

춘투는 일본 기업의 한국 진출에 커다란 압력으로 작용했다. 노사 분쟁으로 가격 경쟁력을 잃은 일본 기업들은 1960년대부터 해외 진출을 시작한다. 이를 간파한 박정희 정권은 일본 및 선진국 기업을 유지하고자 1963년 10월 '한국 수출 진흥 공단'을 발족하고, 구로동, 인천에 수출 공업 단지를 조성했다. 나아가 1969년 마산에 '수출 자유 지역'을 설치했다. 특히 후자는 일본 기업을 유치하기 위한 수출 진흥 대책이었다. 투자 환경을 조성하고자 외국인 투자 기업에서는 노동쟁의 활동을 금지시켰다. 권위주의 정권이기에 가능한 제도였다. 춘투는 한일 기업 간의 협력을 낳은 산파였던 것이다. 마찬가지로 1980년대 한국의 격렬한 노사 분쟁은 국내 기업을 중국 및 동남아로 이전시키는 압력으로 작용했다.

일본인이 보는 종신 고용 제도의 장점

일본의 장기 고용 관행은 글로벌 시대에 부합되는 시스템인가? 일본인은 그 장점으로 다음의 몇 가지를 지적하고 있다.

첫째, 고용 안정은 근로자의 생활 안정을 낳는다. 둘째, 고용 안정은 근로자의 기업에 대한 충성심을 낳는다. 기업에서 근무하는 근로자들 사이에 '운명 공동체적 의식'을 배양하여 일체감을 높인다. 셋째, 장기 고용으로 근로자 간의 정보 교환, 공유, 축적이 가능해져, 협조 관계(팀워크), 신뢰 관계가 구축되어 생산, 경영, 연구 개발 등에서 기업 조직의 효율성을 높일 수 있다. 넷째, 근로자의 기능 형성, 특히 기업 특수적 기능의 형성을 촉진한다. 고용 기간이 짧으면 기업의 교육 및 훈련 비용이 이익을 상회한다. 근로자로서도 타기업으로 전직하게 되면 그 교육 및 훈련이 도움이 안 된다. 다섯째, 고용 안정은 실업 발생을 막아 사회적 대립, 긴장을 완화하고 사회 질서를 유지하는 데 기여한다. 또한 근로자의 소비 수요 감소를 막고 경기를 지탱하는 효과를 낳는다.[9]

이와 함께 장기 고용 관행 시스템으로 근로자의 업무 배치 전환이 이루어져 폭넓은 경험을 쌓을 수 있어 업무 담당 영역이 매우

---

9   江川美紀夫, 『日本型経濟システム : 市場主義への批判』(東京 : 學文社, 2008), pp. 58−9.

일본 열도는 왜 후진하는가

유연해진다는 장점이 있다. 이는 다음과 같은 이유에서 장기 고용 관행의 기능을 배가시킨다.

첫째, 직장 배치 전환은 근로자의 폭넓은 기능 형성을 촉진하여 문제 처리 능력을 높혀 준다. 또한 근로자 간의 정보 공유를 촉진하여 협조 관계(팀워크)를 향상시킨다. 둘째, 기업은 불확실성에 대응하기가 쉽다. 수요 변화는 예측이 어렵다. 그러나 근로자의 유연한 배치 전환을 통하여 폭넓은 업무를 경험한 근로자는 그 변화에 원활하게 대응할 수 있다. 셋째, 특히 관리직은 기업 내의 업무에 대하여 폭넓은 지식을 습득할 수 있다. 넷째, 불황 시 잉여 인력은 타부문으로의 배치 전환이 가능하여 해고를 막을 수 있다. 다섯째, 기술 혁신에의 대응이 쉽다. 신기술의 도입으로 불필요한 인력이 발생할 경우 업무를 유연하게 조정함으로써 해고를 막을 수 있다.[10]

장기 고용 제도는 제조 능력, 개선 능력, 진화 능력 등을 포괄하는 조직 능력을 높여 국제 경쟁력 향상으로 연결된다. 제조 능력이라 함은 같은 상품을 경쟁자보다 저비용, 고품질, 납기 단축 등으로 공급할 수 있는 능력이다. 개선 능력이라 함은 생산 현장의 개선 활동 및 신제품의 개발을 통하여 공정 및 제품 수준을 끊임없

---

10 위의 책, pp. 59-60.

이 향상시키는 능력이다. 진화 능력이라 함은 제조 능력 및 개선 능력 등을 구축하는 능력이다. 도요타 자동차에서는 이런 기업 문화가 정착하여 국제 경쟁력을 발휘하고 있다고 한다.[11]

1992년 버블의 붕괴와 그 이후의 장기 불황은 종신 고용 제도의 변형을 낳았다. 더 이상 65세까지 고용 안정을 보장할 수 없게 된 것이다. 어떤 일본인은 종신 고용 시스템이 붕괴했다고까지 한다. 글로벌화는 노동 시장의 유연성을 요구한다. 글로벌 경쟁의 압력으로 장기 근속자의 수는 점차 줄어들고 있다. 고용 불안이 가시화되면서 빈부 격차가 벌어지고, 장래의 불투명성이 높아지게 되었다.

이때부터 장기 고용에 대한 개념이 변화하기 시작한다. 종신 고용 제도는 불황기에도 가능하면 해고를 피한다는 노력 목표, 나아가 사회 규범이 되었다. 최후까지 해고를 피하려는 일본 기업의 노력은 돋보인다. 노동 시간 단축 및 업무 분담(job−sharing), 신규 채용의 정지 또는 축소, 내부 배치 전환, 다른 계열사로의 전출 등으로 해고를 막고자 최선을 다한다. 그래도 안되면, 희망 퇴직이나 해고를 단행한다. 이것이 일본 기업의 고용 조정 패턴이다.[12]

---

11 위의 책, pp. 65−69.
12 위의 책, p. 64.

종신 고용은 반 글로벌 고용 제도

과연 장기 고용 제도가 글로벌화 시대에 부합되는가를 되살펴 볼 필요가 있다. 어떤 상황에서도 해고 없이 경쟁력을 유지하는 것은 그야말로 모든 기업이나 근로자들이 갈구하는 이상적 경영이다. 그러나 장기 고용 제도는 노동 시장을 매우 경직화시켜 기업의 탄력성을 떨어뜨린다. "햇볕이 좋을 때, 건초를 말려라"라는 말이 있다. 기업은 잘 나갈 때 고용 제도를 탄력적으로 운영하여 불경기에 대응하라는 교훈이다. 경기(景氣)는 항상 사이클(cycle)을 타기 때문에 호경기가 있으면 반드시 불경기도 오기 마련이다.

2008년 9월 리먼 쇼크는 일본 기업에 커다란 충격을 주었다. 도요타를 비롯한 대기업마저 불경기에 대응하지 못하고 대량 해고를 단행했다. 그러자 불안을 느낀 정부가 나서서 더 이상 해고를 자제하라고 협박성 협조를 구하기도 했다. 이때 외국인 비정규직 근로자들은 희생양이 되었다. 갑작스런 해고로 고국으로 돌아갈 비행기 표조차 구하지 못한 외국인 근로자, 그리고 부득이 가족과 헤어질 수밖에 없는 근로자, 그들이 받은 충격은 상상 이상이었을 것이다. 모든 나라가 그렇듯이 일본에서 취업 비자를 받아 일하면서 해고되었을 경우 체류 목적과 다르다는 이유로 즉시 귀국해야 한다.

2009년 8월 일본항공(JAL)의 경영 파탄 및 2010년 1월 법정

관리도 종신 고용의 비용이 얼마나 컸는지 보여 준다. JAL의 파탄은 보기 드문 총체적 방만 경영의 결과였다. 특히 종신 고용을 넘어서 퇴직자들에게까지도 파격적 대우를 하면서 경영 파탄을 초래했다. 그런 사태를 보면서 평소에 종신 고용 제도를 유연하게 운영했더라면 위기에도 외부로부터의 충격을 크게 완화시킬 수 있지 않았을까 생각했다.

일본은 종신 고용 제도를 탄력적으로 운영할 수 있는 조건을 갖추고 있다. 참으로 부러운 얘기다. 경제 규모는 큰 반면, 낮은 출산율 및 고령화로 구인율(취업 희망자 1명을 두고 몇 개의 기업이 경쟁하는가를 보여주는 배율)은 1을 넘는다. 2015년 11월 현재 1.2를 기록하고 있다. 필자의 경험으로는 어떤 대졸 예정자나 실업자라도 의지만 있으면 취업할 수 있다. 일본은 이들의 취업을 지원하고자 대학뿐만 아니라 구청 및 공공 안내 기관에 취업 지원망을 잘 갖추고 있다. 이러한 연결 네트워크는 일본의 고용 상황이 예전보다 불안정해지고 있음을 보여 준다.

구인율이 1을 넘는 데도 대졸자가 취업을 못 했을 경우는 뭔가 이상이 있어서 취업을 못 했다는 사회적 낙인이 찍힐 가능성이 매우 크다. 사실 그런 면이 적지 않다. 일본에서는 일하기도 싫고 교육 및 훈련을 받는 것도 싫어하는 니트(NEET, Not in Employ-ment, Education or Training)족이 커다란 사회 문제이다. 아무리 정부가 지원을 해도 취업 의지를 갖추지 못한 부류를 일컫는다. 니트

족은 2012년 현재 63만 명에 달하고 있다. 그 숫자는 앞으로 더욱 증가할 것으로 예상된다.

종신 고용 제도의 부메랑: 고용 불안과 내수 침체

아이로니컬하게도 종신 고용 제도는 고용 불안을 낳고 있다. 기업은 정부의 압력과 브랜드 이미지 저하를 우려하여 해고가 어려워지자 정규직 채용을 축소하고 비정규직 채용을 늘리고 있다. 앞서 제시한 바와 같이 일본은 전 근로자의 38%가 비정규직이다. 근로자 10명 중 4명 가까이가 비정규직이라는 것이다. 정규직도 고용 불안을 느끼지 않을 수 없다. 최근 공무원 조직에서까지 철밥통 신화가 막을 내리고 있다.

앞서 말한 바와 같이 일본은 소득 정책을 통하여 임금 인상을 억제해 왔다. 한국인은 이해하기 어렵겠지만, 현재 일본의 임금 수준은 한국보다 낮다. 필자는 한국과 일본의 물가 수준을 비교하기 위하여 한국에 갈 때마다 대규모 마트에 들러 물가 수준을 파악한다. 물가 수준도 공공 요금을 제외하고는 한국보다 낮다. 오히려 한국의 교통비는 갈 때마다 야금야금 오르고 있다.

일본의 경우, 임금이 동결된 상황에서 고용 불안은 현재의 소비를 억제하고, 노후의 생활 보장에 대한 불투명성까지 악화시켜 총체적 '내수 위축'을 낳고 있다. 이것이 일본의 악성 디플레, 나아가 장기 침체의 근본 원인이다. 글로벌화 시대에 적응하지 못한 종신 고용 제도가 부메랑으로 돌아와 일본 경제의 발목을 잡고 있는 형국이다.

아베 정권은 2012년 '아베 노믹스'를 내걸고 일본 경제의 부활을 꿈꾸고 있다. 장기 침체에서 벗어나고자 2%의 인플레 목표를 설정하고, 소위 '무제한의 양적 완화(엔화 풀기)'에 나섰다. 내수 확대를 꾀하고 있는 것이다. 양적 완화의 파급 효과로 엔화 약세를 유도하여 수출 확대를 시도하고 있다. 이를 통하여 2%의 경제성장률을 달성하고자 한다. 어떤 국가에서든지 고용 안정이 보장되지 않고서는 내수 진작을 기대할 수 없다. 고용 안정을 의미했던 종신 고용 제도가 고용 불안을 낳고 있으니, 아베 노믹스가 계획대로 흘러갈 수가 없다.

실제로 그 이후 일본 경제는 더욱 악화되고 있다. 경제성장률은 마이너스 또는 1% 이하로 전락(2015년 0.6% 예상)하고, 내수가 침체를 벗어나지 못하니 인플레 경제로의 전환은 멀어지고 있다. 국제 시장에서 일본 경제를 보는 시각도 매우 비관적이다. 무제한의 양적 완화를 원시적(primitive) 도구라고 비판한다. 아베 노믹스를 '아호 노믹스'(일본어로 아호는 바보, 멍청이라는 뜻임), '좀비 노믹스'라고 조롱하기도 한다. 국제 신용평가사인 스탠더드 앤드 푸어스(S & P)사(社)는 2015년 9월 16일 일본의 신용도를 AA-에서 A+로 낮췄다. 한국보다 낮은 수준이다. 무제한으로 푼 엔화가 머지않아 부메랑으

일본 열도는 왜 후진하는가

로 둔갑할 가능성이 크다.

내수 진작 방법의 역발상: 초저금리 정책의 반성

한국도 장기 불황에 시달리고 있다. 혹자는 한국 경제가 일본의 불황을 닮아가고 있다고 우려한다. 틀린 말은 아니다. 일본과 마찬가지로 한국은 수출에 의존하는 성장 전략을 유지해 왔다. 2014년 현재 한국 경제의 무역 의존도는 99.5%에 달하고 있다. 무역 환경에 이상이 생기면 즉시 한국 경제는 타격을 받을 수밖에 없는 성장 구조이다. 그 기회비용을 줄일 필요가 있다. 경제 규모가 커질수록 수출 의존만으로 성장률을 유지하는 것은 한계가 있다. 불황으로부터 탈출하기 위해서는 내수 진작을 중시해야 한다. 선진국으로 진입할수록 내수 의존도가 높아지는 것은 상식이다.

일본이 경험하고 있는 바와 같이, 내수 진작은 고용 안정이 전제되어야 한다. 한국에서도 기업들은 비용 절감을 위해서 비정규직 채용을 확대하고 있다. 그들은 계약 기간이 끝나면 다시 실업 위기를 맞을 수밖에 없다. 그렇다고 일본과 같이 일자리 여력이 충분한 것도 아니다. 2015년 9월 현재 청년 실업률은 7.9%로 최저라고 한다. 그만큼 한국은 고용이 불안정한 사회이다. 비정규직뿐만 아니라 정규직의 노후 장래는 불안하기만 하다. 이런 상황에서 지갑을 열만한 소비자는 극히 제한된다. 내수 확대를 기대하기 어려운 상황이다. 기업들은 매년 임금 상승으로 경쟁력이 약화되자 외국 이전을 대안으로 떠올리고 있다.

한국 경제는 이미 확대 단계를 지나 성숙 단계로 접어들었기 때문에, 일자리가 증가할 가능성은 매우 적다. 여기에 국내 기업의 외국 이전은 일자리를 더욱 제한하고 있다. 정부는 금리 인하와 정부 지출 확대를 내수 진작 수단으로서 활용해 왔다. 금리 인하로 가계 빚은 전례없이 늘면서 가계의 저축 및 소비 여력을 크게 위축시키고 있다. 퇴직 후의 금리 의존형 생활자들의 소비 여력도 마찬가지이다. 한국 경제는 가계 빚의 덫에 걸려들었다. 세계 금융 시장이 출렁거리면 빚 의존형 가계가 타격을 받고, 나아가 국가 경제 자체가 타격을 받는 악순환에 이미 빠졌다. 미국의 금리 인상에 촉각을 곤두세우고 있는 것도 그 때문이다.

내수가 확대되려면 고용 안정과 함께 가진 자가 돈을 쓸 수 있는 환경을 만들어 줘야 한다. 저금리 정책을 통한 소비 유도는 이미 경험한 바와 같이 가계 빚을 늘릴 뿐, 미래에 대한 불확실성을 고조시켜 소비 진작에 전혀 기여하지 못하고 있다. 더구나 저금리의 리스크를 우려하여 국내에 진출한 외국 자본은 호시탐탐 탈출 기회를 엿보고 있다.

한국은 현상황에서 초저금리 정책이 바람직한가를 살펴볼 필요가 있다. 일본의 제로 금리가 내수를 극도로 위축시켜 장기 침체를 유발했을 뿐만 아니라 소득 격차 및 양극화를 확대시켰다는 점을 상기할 필요가 있다. 일본 정부는 이를 간파하고 뒤늦게 고령층의 소비를 유도하기 위하여 각종 세제 혜택을 쏟아내고 있다. 그러나 타이밍을 놓쳐 그들의 지갑은 좀처럼 열리지 않는다.

정부 지출 확대는 단기적 효과를 낳을 지 모르나, 장기적 효과를 기대하기 어렵다. 정부 재정을 악화시킬 뿐이다. 한국 경제는 일시적 재정 지출 확대로 진작될 정도의 규모는 이미 지났다고 본다. 일본 정부는 재정 지출을 통하여 경기 진작을 의도했으나, 효과 없이 재정 악화만을 초래했다. 현재의 아베 노믹스가 국가 경제를 판돈으로 내건 위험한 도박이라고 비판받는 이유가 바로 여기에 있다.

아베 노믹스는 재정 지출을 제2의 화살(the second arrow, 정책 수단)로 규정하고, 향후 10년간 200조 엔의 재정을 투입하겠다고 한다. 일본의 2015년 회계 연도 예산은 96.3조 엔이며, 그중 40% 정도를 국채 발행으로 메우고 있다. 아베 노믹스의 재정 지출 여력이 매우 제약되어 있음을 보여 준다. 그럼에도 불구하고 정부는 국채 발행으로 경기 부양을 강행하고 있다.

필자는 한국에서 근무할 때 제주도를 자주 방문한 바 있다. 지금은 국내외 투자로 제주도 경기가 활성화되고 있지만, 2006년 7월 제주도가 특별자치도로 지정되기 전까지는 매우 침체되어 있었다. 이렇게 멋진 천혜의 자연 자원을 갖춘 제주도가 낙후된 것은 이해하기 어려웠다. 제주도는 싱가포르와 비슷한 자연적 조건을 갖추고 있다. 싱가포르 모델을 염두에 두면서 지인에게 제주도가 활성화되기 위해서는 국내외인들이 자주 방문할 수 있는 조건을 갖추는 것이 어떠냐는 얘기를 했다. 의외로 그 지인은 외부인에 대하여 매우 거부감을 느끼고 있었다. 육지의 내국인들은 투자를 하고 그 결실을 갖고 가니 제주도에는 남는 게 없다는 이유였다.

육지인들이 투자를 하더라도 육지인들을 데리고 와서 고용할 리는 없다. 그래서 그들의 투자로 현지인이 일자리를 얻을 수 있지 않느냐고 반문했다. 예컨대 호텔을 지으면 그 근로자들은 제주도 사람이다. 이런 쇄국적 마인드가 제주도의 발전을 가로막는 가장 큰 걸림돌이 아닌가 생각했다. 제주도뿐만 아니라 어느 곳이든지 외국인들이 들락날락하면서 돈을 쓰게 되면 내수를 활성화할 수 있다. 그에 따라서 일자리는 늘어난다. 한국 상황에서는 가능한 한 개방의 폭을 넓히는 게 최선의 방법이다.

청년 취업난의 해답은 해외 진출

개방 폭을 확대하여 외국 기업을 유치하는 것은 경기 활성화의 대안일 수 있다. 그러나 외국 기업의 시각은 냉담하기만 하다. 예전에는 정부의 규제를 한국 진출의 걸림돌로 제기했으나 최근 강성 노조를 커다란 걸림돌로 지적하고 있다. 강성 노조 때문에 매년 임금이 큰 폭으로 상승하니 외국 기업으로서는 한국 시장에 진출할만한 매력을 찾기가 어렵다. 외국에서 한국을 볼 때, 강성 노조는 이해하기가 어려울 정도이다.

대학생들에게는 외국 시장으로의 진출을 권하고 싶다. 젊은이들은 국내의 좁은 시장을 놓고 격돌함으로써 출혈 경쟁의 제로섬 게임을 배우게 된다. 사회인으로 첫 발을 내딛기 전부터 좌절과 분노를 겪는다. 한국의 청년 실업자들을 생각하면 참으로 안타깝기만 하다. 국내 시장보다는 해외로 눈을 돌려 넓은 시장을 겨냥하는 것이 바람직하다. 필자의 경험으로는 한국 대학생의 경쟁력이라면 일본 시장에서 충분히 통할 수 있다. 일본 정부도 1억 명의 노동력 유지를 위해 해외 우수 인력을 적극적으로 유치하고 있다. 실제로 주변에서 유명 기업에 근무하는 한국인을 쉽게 볼 수 있다. 필자도 한국, 중국 유학생들에게 일본에서 취업하도록 적극 권장하고 있다.

한국에서 수도권 진학이 어려울 정도였던 학생 몇 명이 고교 졸업 직후 본교에 입학한 바 있다. 그들이 졸업 후 유명 회사, 호텔에 취업을 결정하는 것을 보고 한국 대학생들이 일본 시장을 두드리면 반드시 열릴 것이라는 확신이 섰다.

2011년 1월이다. 고향 춘천을 들러 인천공항으로 가기 위하여 버스에 올랐는데, 전혀 모르는 여학생이 인사를 해왔다. 실례를 무릅쓰고 누구냐고 했더니 필자가 1988년 한 지방 대학에서 시간 강사로 재직할 때 수강했던 학생이란다. 너무도 반가웠다. 그 학생은 국내 시장에서 원하는 기업으로의 취업이 어렵다고 판단하여 해외 진출을 염두에 두고 홍콩 백화점에서 인턴을 시작했다고 한다. 그 학생은 졸업 후 그곳에 취업을 했다면서, 매우 만족해 했다.

고용 확대는 사회적 안전망의 기반

한국 사회에 경종을 울릴 만한 경험을 언급하고자 한다. 장애 자들에 대한 우선 배려야말로 고용 확대, 나아가 복지 비용을 줄일 수 있는 최선의 사회적 안전망 구축이 아닐까 하는 생각에서이다. 일본 사회에서는 대학은 물론 NGO 및 기업이 자발적으로 장애자들의 교육과 취업 활동을 적극적으로 지원한다. 필자는 부임 후 시각 장애, 청각 장애, 신체 장애, 그리고 발달 장애에 이르기까지 다양한 형태의 장애를 가진 학생들을 많이 만났다.

대학은 입시 이전부터 의뢰를 받아 상담에 응하면서 전 교직원이 합세하여 입학 후의 지원 방법을 놓고 고민한다. 그들을 위해서 수업 보조자(학생 또는 사회인)를 채용하여 특별히 배려한다. 전담 직원도 배치되어 있다. 교수도 그들의 이상 행동을 염두에 두면서 신경을 많이 쓴다. 관련 교직원과 부모 간의 '케어 네크워크'는 항시 가동된다. 교육 비용이 정상 학생의 두 배 이상 든다는 얘기도 들었다. 지금도 기억하는 시각 장애 여학생은 캐나다로 1년 동안 유학을 다녀오기도 했다.

대학은 물론이고 구청을 비롯한 공공 기관은 그들의 취업 활동을 적극적으로 지원한다. 기업도 채용 시 절대로 차별하지 않는다. 기업은 내부의 다양한 업무 영역 중에서 장애 정도를 고려하여 근무 가능하도록 배려를 아끼지 않는다. 이러한 경우를 자주 볼 수 있었다. 기업이 그들의 근로권을 존중하고 있다는 점은 한국에 시사하는 바가 크다. 적지 않은 장애 학생들이 지명도가 높은 기업에 취업이 결정되는 과정을 지켜보면서 선진국의 모습은 과연 다르다는 생각이 들었다. 이와 같은 대학과 기업을 비롯한 다양한 사회 구성원들의 공동 노력이 조화로운 사회, 공존하는 사회의 시금석이라는 사실을 배울 수 있었다.

그뿐만 아니다. 종신 고용 제도의 혜택을 받지 못하고 있는 일본의 생활 보호 대상자들의 실태는 한국 사회에 많은 점을 시사하고 있다. 노동 능력이나 의욕을 상실한 생활 보호 대상자는 2014년 현재 204만 명에 달하는 것으로 추산되고 있다. 앞서 언급한 적지 않은 자발적 실업자도 여기에 포함된다. 이들에 대한 국가 부담의 복지 비용은 연간 4조 엔에 달한다. 2014년 4월 소비세가 기존의 5%에서 8%로 인상되었는데, 그 3%에 해당되는 금액이 4조 엔이다.

일본의 국채 발행을 부추기는 가장 커다란 원인은 복지 비용의 증가에 있다. 2015년 말까지 일본의 공공 차입금은 1167조 엔으로 늘어날 것으로 예상되고 있다. 2014년 현재 일본의 GDP가

490조 엔이니 그 2.38배의 빚을 지고 있는 셈이다. 상식적으로 이해하기 힘들다. 복지 비용의 증가가 국가 재정을 극도로 압박하면서 소비세 인상 및 국가 부채 증가를 부채질 하고 있는 것이다.

2013년 가을로 기억된다. 도쿄의 신주쿠(新宿)에 거주하는 한 젊은 남자 생활 보호 대상자(NEET족)에 대한 정부 부담이 어느 정도인가가 보도된 적이 있다. 지자체가 그에게 지급하는 현금 또는 비현금의 생활 보호 지급액은 연간 400만 엔을 넘는다. 일본의 대졸 신입 사원의 초임이 20만 엔 정도임을 감안하면 매우 큰 액수이다. 자칫 젊은이들 간의 위화감, 나아가 도덕적 해이를 낳을 수 있는 제도가 아닌가 한다. 낮은 연봉의 근면한 젊은 근로자가 놀고 먹는 젊은이들을 부양하는 아이러니가 발생하고 있기 때문이다. 수업 중 학생들에게 이런 얘기를 했더니 처음 듣는다면서 억울하단다.

더욱 심각한 것은 복지 비용의 증가로 사회적 안전망이 붕괴될 수도 있다는 점이다. 사회적 안전망 중에서 연금은 노후 일본인들의 유일에 가까운 주요 수입원이다. 일본인 노년층의 얘기를 들으면 한결같이 연금이 유일한 수입원이라고 한다. 그것도 점차 줄어들고 있다고 하소연한다. 복지 비용의 증가 때문이다.

한국의 연금 지급액은 근로자가 경제활동 중 불입한 금액의 한도 내에서 결정된다. 그러나 일본의 연금제도는 한국과는 다르다. 근로자 자신이 불입한 금액은 윗 세대의 연금을 지급하기 위한 보험금이다. 현세대는 차세대의 연금 불입액으로 연금을 지급받는다. 필자가 부임한 직후 가장 먼저 들은 것이 이 얘기이다. 이해하기 어려웠다. 2014년 현재 일본의 노령화율(전체 인구 중에서 65세 이상 인구가 차지하는 비율)은 25%에 달한다. 현역 근로자 3인이 연금 생활자 1인을 부양하고 있다는 계산이다.

일본은 세계에서 장수 국가(2014년 기준으로 여성 86.8세, 남성 80.5세)로 알려져 있고, 고령화도 가장 빠르게 진행되고 있다. 결혼 기피와 낮은 출산율(부부당 1.4명)로 인구 감소는 불가피하다. 연금 고갈도 시간 문제라는 얘기가 들린다. 연금 파탄, 일본 파탄 얘기는 벌써부터 일상화되고 있다. 현세대 및 차세대가 연금을 지급받을 수 있을 지 매우 불투명하다. 현재의 고령화 속도 및 낮은 출산율에 비추어 볼 때 현역 근로자 2인이 연금 생활자 1인을 부양할 날도 멀지 않았다. 오죽하면 고이즈미(小泉純一郎) 정권의 개혁 공신이자 총무상(總務相)을 역임했던 어느 교수는 자신도 연금 수급을 신뢰하지 않는다고 했다. 현재의 진행 상태가 계속된다면 연금 파탄은 피할 수 없다는 것이 그의 지론이다.

여기에 일본에서도 각 정당은 선거철만 되면 인기에 영합하는 복지 공약을 남발한다. 2009년 집권한 민주당 정권은 터무니 없는 공약을 남발하여 빈축을 사기까지 했다. 육아 수당의 대폭 인상(1인당 3만 엔), 고교 수업료의 실질적 무료화, 주요 고속도로 이용료 폐지, 가솔린세 폐지 등이 그것이다. 민주당은 집권 직후 곡간이 텅텅 빈 것을 확인하고 스스로 손을 들었다. 그중 실천한 것은 고교 수업료의 실질적 무료화뿐이다. 현재 일본 국공립 고교의 수업료는 무료이다. 사립 고교생은 원래의 수업료(부대 비용을 포함하면 연간 약 100만 엔)에서 국공립 고교 수업료를 뺀 차액만을 학교에 납부한다.

현 아베 정권도 마찬가지이다. 2016년 선거를 앞두고 65세 이상 연금 생활자 중에서 수급액이 적은 사람들에게 1인당 3만 엔의 기초 연금을 지급하겠다고 공언하고 있다. 고령층의 표를 의식한 계산이다. 또 젊은층의 표를 의식하여 2017년 4월 소비세를 10%로 재인상한 이후 연금 수급 자격을 현행 불입 기간 최소 25년에서 10년으로 단축하겠다는 공약을 발표한 바 있다. 지급 개시 시점은 원칙적으로 65세로 변함이 없다.

그러나 일본의 재정은 그 정도의 여유가 없다. 사회적 안전망을 정부 스스로가 붕괴시키고 있는 것은 아닌지 타산지석으로 받아들여야 한다. 그 부담을 완화하고자 일본 정부는 종신 고용 연령을 65세까지 연장하면서 연금 수급 시점을 70세부터로 늦추려는 카드를 만지작거리고 있다. 앞으로 그 시점이 더 늦춰질 가능성이 매우 크다. 연금을 미처 만져보지도 못하고 사망하는 억울함이 사회 문제화될 가능성도 배제할 수 없다.

한국도 복지 비용의 소용돌이 속으로 빠져들고 있다. 각 정당뿐만 아니라 지자체까지 나서서 고용 확대에 진력하기보다는 선거를 의식해 이해할 수 없는 복지 공약을 남발하고 있다. 사회적 위화감 및 도덕적 해이를 공공 부문이 나서서 조성하고 있는 것은 아닌지 우려된다. 일본의 사례에 비추어 이것은 재정 악화, 나아가 사회적 안전망의 붕괴를 초래할 수 있음을 명심해야 할 것이다. 한국 파탄이라는 말이 들리지 않기를 기대한다.

5. 고용 관행의 부메랑 (2) : 연공 서열 제도

일본인이 보는 연공 서열 제도의 장단점

일본의 연공 서열제는 글로벌화 시대에 부합하는가? 연공 서열제는 연령 및 근무 연수에 따라서 임금이나 각종 복지 혜택이 결정되는 시스템이다. 평등주의에 기초하는 시스템이다. 대졸자를 전제로 할 경우, 일본인들은 22세에 직장 생활을 시작하여 65세에 퇴직을 한다. 50대 초반의 임금이 가장 높고 그 이후는 임금 피크제의 영향으로 임금이 하락하기 시작한다. 이 제도는 서구의 능력에 따른 성과주의와는 전혀 다른 시스템으로 전후 일본의 고용 안정에 크게 기여했다는 것이 일반적 평가이다.

일본 기업은 다음과 같은 이유에서 능력주의를 기피한다. 첫째, 능력 및 성과를 객관적으로 평가하기 어렵다. 이런 상황에서 능력에 따른 성과주의를 적용한다면 기업 내에 불평불만이 고조되고 근로자의 기업에의 충성심(애사심), 협동심(팀워크)을 훼손한다. 둘째, 근로자의 이기적인 행동을 조장한다. 능력주의가 임금 격차를 낳으면 근로자 간의 경쟁이 보다 격화되고 동료 간의 비협력, 상호 견제, 나아가 정해진 규칙을 위반해서라도 상대를 이기려고 한다. 셋째, 근로자들은 바로 성과를 낼 수 있는 업무에 편중하게 된다. 성과를 내기까지 시간이 걸리는 업무나 가시적 성과가 보이지 않는 업무를 기피한다. 넷째, 근로자 간의 소득 격차가 커져 저임금, 질 낮은 생활을 감내해야 하는 근로자가 늘어난다. 또한 높은 성과를 낸 근로자라도 매년 그런 성과를 낸다는 보장이 없기 때문에 근로자의 소득 변동폭이 커지게 된다. 즉 근로자의 생활이 불안정해지면서 인생의 장기 설계가 어렵다.[13]

그 반면, 연공 서열제는 다음과 같은 이점이 있다. 첫째, 기업 내부의 평등성을 보장함으로써 일체감을 배양하고 기업에의 충성심과 협동심을 유도할 수 있다. 그러나 스스로의 능력 및 성과를 높게 평가하는 근로자가 평등성에 불만을 품을 수 있다는 문제가 발생한다. 둘째, 주위에 협력함으로써 자신이 불리하게 평가를 받는다든지, 자신의 직무 및 지위가 위협을 받는다든지, 자신의 임금

---

13 앞의 책, pp. 74-76.

일본 열도는 왜 후진하는가

이 깎인다든지 하는 불리함은 없다. 셋째, 단기적 성과에 과도하게 편중하는 것을 막고, 장래를 염두에 둔 능력 개발을 촉진하고, 성과가 즉시 나오지 않을 수 있는 업무에도 도전할 수 있다. 넷째, 근로자 간의 임금 격차가 적고, 장기적 소득의 불확실성도 적기 때문에 근로자의 생활 안정, 장래의 생활 설계가 용이하다.[14]

이러한 이점에도 불구하고 어떤 근로자라도 자신의 능력 및 성과와는 관계 없이 같은 임금을 받기 때문에 근로 의욕 및 직업에 대한 열정을 상실할 수 있다. 일본 기업은 근무 태도 및 직업 능력을 인사고과에 반영하여 근로자 간의 임금 상승에 어느 정도 차등을 둔다. 그러나 근로 의욕을 자극할 만한 정도는 아니다.

연공 서열 제도의 반 글로벌 효과

필자가 일본에 왔을 때 연공 서열제의 임금 및 복지 제도는 의외였다. 한국은 성과주의로 전환하고 있을 때였다. 무엇이든지 연령 및 근무 연한에 따라서 임금 및 복지 수준이 결정된다. 이것이 과연 직무 능력 개발과 근로 의욕을 고취시킬 수 있을까는 여전히 의문이다. 지난 12년 간 연공 서열 제도가 조직 문화를 정체시키는

---

14 앞의 책, p. 76.

데 크게 기여하고 있다는 확신이 들었다.

이는 어느 누구도 열심히 하려는 의욕을 고취시킬 수 없는 시스템이다. 이노베이션은 전혀 기대할 수 없다. 오히려 열의를 갖고 있는 근로자는 그에 대한 보상을 받지 못해서 상대적 박탈감을 느낄 수 있다. 열심히 일하거나 말거나 돌아오는 보상은 같기 때문이다. 최근 일본에서 전직이 일반화되고 있는 것도 그 영향 때문일 것이다.

2014년 노벨물리학상을 공동 수상한 일본인 나까무라(中村修二) 교수는 일본 사회의 연공 서열제를 비판해 큰 충격을 주었다. 노벨상 수상자 발표가 있을 때면 일본의 과학 기술이 세계를 선도하고 있다는 생각이 든다. 매우 부럽다. 나까무라는 지방 소도시 도쿠시마(德島)라는 지방의 출신으로 그곳의 도쿠시마 대학을 졸업했다. 1979년 졸업 후 지역 기업인 니치아(日亞) 화학 공업에 입사하여 그곳에서 청색 발광 다이오드(LED)를 발명했다. 그의 발명으로 기업은 엄청난 이익을 봤음에도 불구하고 그에게 돌아오는 혜택은 전혀 기대 이하였다.

그는 2000년 사직을 하고 미국으로 건너가 전 직장과 라이벌 관계에 있는 미국 크리 라이팅(Cree Lighting) 기업의 비상근 연구원으로 잠시 재직했으나, 같은 해 캘리포니아 대학(산타바바라)으로 자리를 옮겼다. 파격적인 대우를 받았음은 물론이다. 여기에서 그는 자신의 성과를 근거로 전 근무 기업을 상대로 200억 엔에 이르는 거액을 청구하는 소송을 제기했다. 일본 내부에서는 그가 니치아 기업에서 상당한 임금을 받고 있었고, 퇴직 시에는 기술 유출 방지 및 비밀 보장 문서에 사인을 하고 6천만 엔의 특별 퇴직금도 받았기 때문에 산업스파이라는 비난까지 일었다. 또 니치아 기업은 본인 혼자서 낸 성과가 아니라는 이유로 성과급 지급을 거부했다. 법원도 그의 손을 들어주지 않았다. 결국 법원의 중개로 8억 5천만 엔의 화해금을 받고 막을 내렸다.

그가 노벨상 수상자로 결정된 후 일본 언론과 가진 인터뷰에서 했던 말은 매우 인상적이었다. 일본 사회에 대한 분노가 노벨상의 원동력이었다는 것이다. 나아가 일본의 젊은이들은 일본을 떠나라고 충고했다. 일본 기자가 니치아 기업과는 화해를 했느냐는 질문에 미소만 지을 뿐이었다. 바로 연공 서열제의 임금 구조에 대한 반항이었다. 과연 성과 및 능력 차이가 분명히 있는 데도 동일임금 원칙을 적용한다면 능력있는 근로자들이 능력을 발휘할 수 있을까? 그들은 능력을 인정해 주는 기업으로 이동하려 할 것이다. 우수한 두뇌의 해외 유출을 부채질할 뿐이다.

이 시스템은 글로벌화와도 맞지 않는다. 필자는 한국에서 근무할 때 성과주의의 쓴 맛을 몇 번 경험했다. 스스로는 열심히 일해서 남부럽지 않은 성과를 냈다고 자부했지만 연말 성과급 평가에서는 늘 중간이었다. 불만이 많았던 것도 사실이다. 기관장은 타인의 성과급을 알려고도 하지 말고, 알려주지도 말라는 함구령을 내렸다. 그도 성과급 평가의 객관성을 장담하기 어려웠기 때문이다. 그래도 기관장을 끼고 도는 사람들이 높은 성과급을 받는 것은 암묵적으로 다 알려지게 된다.

성과는 객관적으로 평가하기가 어렵다. 그렇더라도 그것이 근로 의욕을 부채질하는 것은 틀림없다. 객관적 평가가 어렵다면 연공 서열제를 보완한다는 의미에서 객관적으로 인정되는 성과를 낸 근로자에 대해서 더 많은 보상을 하는 것이 바람직하다. 앞서 말한 대로 상어를 투입하지 않으면 근로 의욕은 되살아나지 않는다.

연공 서열 제도로 인한 의욕 저하

일본의 연공 서열제는 근로 의욕을 오히려 저하시킨다. 열심히 하지 않는 사람과 동일한 대우를 받으니 그럴 수밖에 없다. 일본의 대학 교수 승진 제도를 보면 연공 서열제의 전형을 보여 준다. 능력이나 성과보다는 연령이나 근무 연수에 의하여 승진 심사가 이루어진다. 논문 평가에서도 전혀 논문으로서 가치가 없는 국내 잡지에 실린 논문과 엄격한 심사를 통과하여 국제 저널에 실린 논문을 동등하게 평가한다.

승진할 의사가 없는 교수는 별다른 노력을 하지 않아도 정년까지 보장되어 있다. 조교수로 퇴직하는 경우를 많이 봤다. 2005

일본 열도는 왜 후진하는가

년 봄 교토 대학을 방문한 바 있다. 그때 교수에게 승진 제도에 대해서 질문을 한 적이 있다. 대답은 필자가 근무하는 곳과 다를 바가 없었다. 그러니 보통의 교수라면 능력 개발에 그다지 관심을 갖지 않는다. 한국 대학과 마찬가지로 해외 연수 기회가 있음에도 불구하고 일본인 교수들은 외면하거나 국내 체류를 선택하는 경우가 많다.

필자의 경험으로는 일본의 명문 대학을 제외하고는 한국의 교수보다 일본 교수의 질이 낮다는 생각을 한다. 그것은 일본 교수들도 인정한다. 아직도 일반 대학에는 석사 학위 소지자 교수가 많다. 학위가 교수의 질을 모두 평가하는 잣대는 아니다. 그러나 경험으로 볼 때, 학위가 교수의 질을 결정하는 중요한 잣대임은 분명하다. 한국은 승진 심사 때 일정 수준 이상의 연구 업적을 요구한다. 2013년 버클리 대학에 머물 때, 필자의 소속 학과 앞 게시판에 붙어 있는 교수의 연구 업적과 사진을 보았다. 또 동아시아 도서관 (Peng Chang)에서는 세계 곳곳에서 도착한 저널을 볼 수 있었다. 필자가 전공하는 분야의 경우, 일본 대학으로부터 도착한 저널의 질이 높다고는 느끼지 못했다. 여전히 미국의 연구 질이 압도적으로 높다는 인상을 받았다.

지식은 국력

　여기서 미국과 일본 대학에서 생활하면서 느낀 점을 공유하고 싶다. 1996년 10월 말 게이오 대학(慶応大學) 미타(三田) 캠퍼스에 처음 갔다. 유학 경험이 전무했던 필자로서는 그야말로 기대가 컸다. 그런데 한국의 대학 캠퍼스보다도 초라하게 보였다. 일본의 대학들은 캠퍼스가 여기저기 흩어져 있기 때문이라는 점을 나중에 깨달았다. 이곳은 사회과학이 중심인 캠퍼스다. 그런데 도서관에 가보니 쌓여 있는 서적의 양과 질은 한국 대학을 훨씬 압도했다. 당시 한국에서 금지되어 있었던 서적이나 신문을 여기저기서 쉽게 볼 수 있었다. 더욱 놀란 것은 마을 도서관에 갔을 때이다. 마을 도서관임에도 불구하고 한국의 왠만한 대학의 전공서적 이상의 수준 높은 책이 꽂혀 있었다.

　그곳에서는 어린이, 퇴직자 등 많은 일본인들이 독서를 하고 있었다. 어린이들에게는 놀이터, 퇴직자에게는 새 쉼터나 다름없었다. 그리고 장애인을 위한 독서 시설, 외국인을 위한 일본어 교실이 마련되어 있었다. 버클리 대학이나 인근 마을 도서관에서도 같은 광경을 목격했다. 버클리 대학 캠퍼스는 그다지 커 보이지는 않았으나, 건물 곳곳에는 별도의 도서관이 있었다. 중앙 도서관 이외에도 단과 대학별로 전문화된 대형 도서관을 갖추고 있는 것이다. 일본과는 달리 개인이나 단체의 기부금으로 도서관이 건립되었다는 점이 인상적이었다. 이게 선진국의 모습이라 생각하니 정말 부러웠다. 서비스 수준은 일본이 낮다는 생각이 들었다.

대학은 지식을 창출하는 기능을 수행한다. 이 기능이야말로 선진국으로 가는 조건이자, 국력의 중요한 기반이다. 국제 관계 교과서는 국력을 논할 때 인구 규모, 경제력, 정부 능력 등을 잣대로 제시한다. 그 나름대로의 이유가 있다. 그러나 필자의 경험으로는 지식의 양과 질도 중요한 잣대가 아닐까 한다. 매년 여러 국제기관에서 수행한 대학 평가 결과가 언론에 오르내린다. 그 결과에서 대학의 지식 창출 기능은 국력과 비례한다는 공통점을 발견할 수 있다. 한국의 대학이 국제 수준으로 순위를 끌어 올리려면 도서관의 질을 개선해야 한다. 그러면 자연스럽게 교육 연구의 질이 향상된다. 또 다른 국력의 잣대로 복지 수준을 들 수 있다.

대학의 지식 창출 기능이 국력으로 연계되기 위해서는 연구 분야가 다양해지고 그 범위가 확대되어야 한다는 점을 깨달았다. 미국은 물론이고 일본의 경우, 지역 연구 분야는 전 세계를 포함하고 있다. 도서관에서 관련 서적을 쉽게 찾아볼 수 있다. 한국에서는 듣지도 못했던 지역까지 커버하고 있다. 남태평양의 섬나라, 북극 및 남극, 우주, 아프리카 등 지구 한 구석에서 이슈가 터지면 그 전문가가 언론을 장식한다. 아쉽게도 한국의 지역 연구 저널을 보면 연구 분야는 극히 한정되어 있다. 신선도가 떨어진다. 도서관도 마찬가지이다. 시장 수요가 매우 빈약하기 때문이다. 장기적으로

한국의 대학이 지식 창출 기능을 수행하기 위해서는 연구 분야에
전 세계를 포함시켜야 한다.

불공정 채용 관행의 역효과

일본의 일반 대학의 연구 기능이 기대 이하인 것은 승진 심사
때 질보다 양을 강조하기 때문이 아닐까 생각했다. 연공 서열제 속
에서 성과주의가 배제되고 있기 때문에 보통의 교수들은 질보다
는 양에 관심이 많다. 보통의 대학은 교수의 업적을 평가할 때 교
내 '연구 기요(硏究紀要)'에 실린 연구 업적이나 국제 저널에 실린 연
구 업적을 동일하게 평가한다. 연구 기요에 실린 논문은 하나의 에
세이일 뿐, 전국 및 국제 무대에서 통할 정도의 질을 담보하지는 못
한다. 그럼에도 승진 심사 때는 동일하게 평가한다.

성과에 따른 보상 제도가 전혀 마련되어 있지 않으니 보통의
교수로서는 어떤 인센티브도 느끼지 못할 것이다. 오히려 안주하려
는 도덕적 해이가 싹트는 것은 당연하다. 연구의 질을 보장하지 못
하니 대학의 교육 및 사회적 공헌 기능 수행은 제한적일 수밖에 없
다. 일차적으로는 학생들에게 그 피해가 고스란히 전가된다. 앞서
언급한 바와 같이 대학 평가에서도 외형을 중시할 뿐 교수의 질은
평가 대상이 되지 못한다.

경쟁을 보장할 경우, 경쟁자들은 피곤하다. 그러나 그 속에서

전체적 성과는 높아진다. 이것이 자본주의를 진화시킨 자유 경쟁의 논리이다. 이를 통해서 성과가 개선되고 인간의 역사가 바뀔 수 있는 원동력이 나오는 것이다. 필자의 주목을 끈 것이 하나 있다. 일본의 교수 임명 과정은 능력을 우선해서 매우 투명하고 공정하게 이루어진다는 점이다. 여러 번 채용 심사 위원으로 활동하면서 의례 윗선으로부터 압력성 청탁이 있을 것이라고 생각했다. 그러나 지금까지 그런 경우는 한 번도 없었다.

가끔 한국에서 교수 임용을 둘러싸고 잡음이 이는 현상을 목격한다. 또 유명 대학에서 저명한 학자를 유치했다는 보도를 가끔 본다. 그것은 전혀 뉴스거리가 될 수 없다. 너무나 당연하기 때문이다. 지금까지는 학연, 지연 등에 얽매여 불공정하게 이루어졌다는 반증이기도 하다. 필자는 시간 강사 경력이 비교적 많은 편이다. 논문을 써달라는 부탁은 다반사였다. 지방 대학에 지원을 하면 이상한 전화를 받는 경우도 있었다. 이런 기득권자들의 횡포(power harassment)를 수없이 경험했다.

한번은 자신이 쓴 책을 교재로 채택하라고 해서 사용하던 중, 적지 않은 오류를 발견하여 학생들과 함께 그 오류를 수정하면서 가르친 적이 있다. 학생들에게는 면목이 없었다. 그것도 기득권을 남용하여 대필시키지 않았나 한다. 필자가 한국에서 대학 평가를 담당했을 때, 그런 악연이 있는 곳을 방문하여 과연 그 교수들의 업적은 어떤가, 내가 능력이 뒤떨어져서 탈락했는가를 엿보았다. 실상은 가관이었다. 악화가 양화를 구축하는 형국이었다. 그 피해는 고스란히 학생들에게 전가된다.

2000년 가을 교육대학 평가를 담당하고 있을 때, 실상을 파악하고자 지방에 있는 어느 교육대학을 방문했다. IMF 사태 이후 수험생들의 인식이 바뀌어서 교육대학은 의대 다음으로 입학이 어렵다고 할 정도로 우수한 학생들이 몰리고 있었다. 그때 교수들의 업적을 살펴보고, 또 강의실에 직접 들어가 보았다. 너무도 실망스러웠다. 한 교수는 몇십 년은 묵은 듯싶은 강의 노트를 읽고 학생들은 받아 적고 있었다. 우수한 학생들이 졸업할 때면 어떻게 변할까를 생각하니 매우 걱정스러웠다. 그런 얘기를 했더니 그 교수는 여기는 연구하는 곳이 아니라고 대답했다.

불공정 경쟁에서는 교육의 질을 기대할 수 없다. 정상적으로 연구에 전념해 온 연구자가 들어설 곳이 없다. 공정한 경쟁이 이루어진다면 지방 대학의 질을 지금보다 훨씬 높일 수 있다고 믿는다. 또 수도권과 지방 간의 격차를 훨씬 줄일 수 있을 것으로 확신한다. 지방 대학 중에서 수도권 대학에 못지않게 평가되는 곳이 늘고 있는 것은 매우 바람직하다. 공정한 경쟁의 성과이다. 공정한 경쟁이야말로 상어 투입 효과를 거둘 수 있는 매커니즘이다. 지방 대학 출신이 서구의 유명 대학으로부터 스카우트되었다는 보도를 보면서 씁쓸함을 느낀다. 그들은 먼저 국내 대학이나 연구 기관에 지원했을 것이다. 연고에 밀려 번번이 탈락하다 보니 그의 능력을 높이 평가한 외국 대학이나 연구 기관이 내민 손에 끌린 것이다.

일본의 최근 노벨상 수상자는 지방 대학 출신자들이 많다. 그들의 능력을 간파한 유명 대학들이 그들을 파격적 조건으로 스카우트한 것이다. 교토 대학이 그런 학풍으로 유명하다. 학연, 지연 등은 전혀 고려의 대상이 아니다. 퇴직 이후에도 명예 교수로서 존중하고, 다른 대학으로 재적을 옮겨 연구 활동을 계속할 수 있는 풍토가 부럽기만 하다. 연공 서열제 속에서도 능력을 우선시하는 채용 관행 및 대우가 오늘날 일본을 과학 강국으로 이끌었다는 생각이 든다.

한국도 노벨상에 가까워졌다는 얘기를 많이 한다. 그러나 과연 그럴까 하는 의구심이 앞선다. 해외 노벨상 수상자를 교수로 초빙하고, 과학 기술 분야에 많은 예산을 투입하고, 해외의 유명 내국인 연구자를 초빙하는 등 나름대로의 노력이 돋보인다. 불공정 채용 관행 그리고 연구자의 도덕적 해이를 자정(自淨)하는 매커니즘이 구축될 때, 그런 노력이 결실을 맺을 수 있다. 보통의 지방 대학 출신의 연구자가 국제 무대에서의 화려한 업적을 평가받아 SKY 대학의 교수로 임명될 때, 공정 경쟁의 풍토를 기대할 수 있을 것이다. 이 점에서 한국이나 일본 사회에서 기형화된 연공 서열제는 글로벌 시대와는 맞지 않는다.

제4장
아베 정권의 반 글로벌 민족주의로의 회귀

　일본 사회에서 민족주의를 논하는 것은 무의미할지 모른다. 극소수의 극우파를 제외하고는 보통의 일본인들에게 애국이나 국가 의식은 전혀 느낄 수 없기 때문이다. 그들은 애국이나 국가라는 단어를 들으면 전전(戰前)의 기억이 떠오른다고 한다. 왜 공식 석상에서 국가를 제창하지 않느냐고 물으면 자신들은 황국 신민(皇國臣民)이기를 거부하기 때문이란다. 그만큼 전전의 영향은 여전히 일본 사회에 깊이 자리잡고 있다. 그들은 국가 우위의 문화 속에서 정치사회화된 필자의 국가 의식이나 애국 정신을 이해하기 어려울 것이다. 그러면서도 한국인의 국가 의식이나 애국 정신을 부러워한다.

　필자는 일본인의 국가 의식을 관찰하면서 적지 않은 충격을 받았다. 아들의 중고등학교 입학식과 졸업식에 참석했을 때이다. 국가 제창 순서에 사회자가 기립하라고 했음에도 불구하고 적지 않은 교원과 학부형은 앉은 채 그대로 있었다. 그들은 국가도 제창하지 않았다. 장애인이 아닌가 했다. 나중에 일본인들에게 물어보니 일본 사회에서는 그것이 보통이란다. 그렇다고 누구도 그들을 비난하거나 조롱하지 않았다. 오죽하면 극우파로 분류되는 오사카 전 시장인 하시모토(橋下)가 기립과 국가 제창을 의무화하였을까 하는 생각이 들었다. 아베 수상도 그것을 의무화했으나 변화된 것은 없다. 오히려 교원들과 보통의 일본인의 반발만 살 뿐이다.

더 충격을 받은 것은 아들의 국립 대학 입학식과 졸업식에 참석했을 때이다. 국립 대학이라 참석한 교수와 학부형 모두가 기립하여 국가를 제창하는 것은 당연하게 생각했다. 그런데 도후쿠(東北) 대학의 단상에는 국기조차 게양하지 않고, 앞서 경험한 바와 같이 앉은 채로 국가 제창을 거부하는 교수와 학부형 그리고 학생이 적지 않았다. 2015년 3월 도쿄 대학 졸업식에 참석했을 때도 마찬가지였다. 미국이나 유럽에서는 이런 광경을 보지 못했다. 국기나 국가 앞에서는 모든 이들이 동질감을 갖기 마련이다. 한국인으로서 국립 대학에서 국기를 게양하지 않는 것은 이해하기 어려웠다.

일본의 사회 문화에서 국가란 존재하지 않는다. 민족주의를 논하는 것이 무의미할 수도 있다. 그런데 아베 정권이 들어선 이후 일본의 민족주의가 다시 고개를 들고 있다. 분명히 이것은 반 글로벌 조류이다. 일본 사회가 그만큼 불안정하다는 것을 보여 주는 징표이기도 하다. 여기에서는 아베 정권의 반 글로벌 민족주의가 어떻게 형성되고 표출되는가를 살펴보고자 한다.

1. 아베의 민족주의 기원

아베 수상의 화려한 외출

아베(安倍晋三) 수상은 화려한 정치 명문가 출신의 세습(世襲) 의원이다. 그의 조부는 중의원 의원을 역임한 아베 칸(安倍 寬), 외조부는 수상을 역임한 기시 신스케(岸 信介), 외조숙부는 수상을 역임한 사토 에이사쿠(佐藤 榮作)이다. 그의 부친은 외무장관을 역임한 아베 신타로(安倍 晋太郎)이다. 그 자신도 두 번이나 수상을 역임(역임 중)했으니 일본 사회에서 존경받는 정치 명문가를 계승하고 있는 셈이다. 일본 정치사에서 전무후무할 것이다. 다만 그의 슬하에는 자제가 없어 그 명가를 어떻게 계승할 지가 주목된다.

그는 유년 시절 부모의 맞벌이로 외조부모의 보살핌을 받으면서 성장했다. 이때 외조부의 정치 활동을 지켜보면서 영향을 많이 받았다고 한다. 아베 수상의 민족주의는 외조부인 기시 수상의 정치적 성향의 영향으로 형성되었다고 보는 것이 일반적 평가이다. 그는 1979년 고베 제철(神戶製鐵)에 입사하여 사회인으로서의 첫 발을 내딛었다. 3년 후인 1982년 부친인 아베 신타로 중의원 의원의 비서관으로 활동하면서 본격적인 정치 후계자 수업을 받게 된다. 1991년 자민당 총재로 유력시되던 부친이 급사하자 선거구(야마구치 山口 1구)를 이어받아 보궐 선거에 출마하여 당선되었다.

정치인으로서의 입문이자 자신의 정치적 야망을 펼칠 수 있는 기회가 온 것이다. 그 후 내각 간보(內閣官房, 한국의 청와대 비서실 해당) 부장관 및 장관, 자민당 간지쬬(幹事長, 한국의 국회 원내 총무에 해당) 등의 정치 경력을 두루 거쳐 2006년 9월 20일 고이즈미의 후임으로 자민당 총재로 임명된다. 그 직후인 9월 26일 국회에서 수상으로 선출되었다.

그의 등장은 제1차 아베 내각을 출범시켰다. 그의 주요 슬로건은 '아름다운 일본 건설' 그리고 '냉전 레짐으로부터의 탈출'이었다. 그러나 야당의 반발과 자민당 내부의 견제 등으로 자신의 뜻이 관철되지 못하자 2007년 9월 12일 건강을 이유로 사퇴를 발표한다. 그의 1차 내각은 이렇게 종말을 맞았다. 그 후 자민당은 구심점을 잃고 후쿠다(福田), 아소(麻生) 등의 단명 총재 및 수상으로 교체되면서 커다란 정치적 혼란에 빠졌다. 그 여파로 2009년 8월 중의원 선거에서 민주당에 대패했다. 그러나 민주당도 3명의 총리(하토야마鳩山, 칸菅, 노다野田)가 단명하는 등 정치적 혼란을 겪으면서 자멸의 길을 걸었다. 민주당은 중의원 해산 압박에 2012년 12월 26일 선거를 실시했으나 결과는 자민당의 대승이었다.

일본의 정치를 보면 리더십이 구심점을 잃고 혼란에 빠지게 될 때, 집권당은 여론과 야당, 심지어 당내로부터 국민의 신임을 물어야 한다는 중의원 해산 압력을 받게 된다. 참의원에 대해서는 해산권이 없다. 자민당의 아소 수상이나 민주당의 노다 수상의 행보에서 보는 바와 같이, 중의원 해산 결정권을 갖고 있는 수상은 그 압력에 저항하면서도 한편으로는 타이밍을 조절하면서 해산 카드를 꺼내 든다. 이러한 민주주의 절차를 거쳐 정권이 연장되든지, 새로운 정권이 들어서게 된다.

아베 수상의 민족주의의 기원

자민당의 대승은 제2차 아베 내각을 출범시켰다. 돌이켜 보면 그 직전까지 일본의 정치 리더십은 매우 불안정했다. 아베 총리의 재등장은 정치적 리더십을 안정화시켜려는 국민의 선택이었다. 그는 당면 과제로서 경기 활성화를 전면에 내걸었다. 아베 노믹스가 그것이다. 동일본 대지진 및 원전 사고의 여파로 일본 경제가 침체 일로를 걷자 아베 노믹스를 통하여 국민에게 희망을 불어 넣으려는 정치적 계산이다.

사실 일본 정치에서 경제, 복지 문제 이외에는 그다지 국민의 관심을 받는 이슈는 없다. 외교, 국방은 국민의 관심사가 아니다. 그러나 그의 민족주의적 야심은 전혀 변화가 없었다. 그는 제1차 내각에서 이루지 못한 냉전 레짐으로부터의 탈출, 강력한 일본의 재건을 아베 노믹스 이상의 시대적 소명으로 받아들이고 있었다. 아베 노믹스, 냉전 레짐으로부터의 탈출, 그리고 강력한 일본의 재건은 겉으로는 서로 관계가 없어 보이지만 '민족주의'라는 고리로 얽혀진 아베의 야심적 집합체이다.

앞서 그의 민족주의는 외조부인 기시 수상으로부터 영향을 받았다고 언급한 바 있다. 기시 수상은 전시 중 화려한 족적을 남긴 인물이다. 그는 1941년 10월 발족한 도조(東條英機) 내각의 상공부 장관으로 임명되어 대동아 전쟁(大東亞戰爭, 태평양 전쟁) 중의 전시 물자 동원을 전담했다. 일본이 전쟁의 소용돌이 속으로 빠져들면서 1943년 상공부가 군수성(軍需省)으로 개조되자, 그는 차관(장관은 도조 수상이 겸임)으로서 군수 물자 조달을 실질적으로 책임지는 위치에 올랐다.

그 경력 때문에 그는 패전 후 A급 전범 피의자로서 체포되는 비운을 겪었다. 그러나 전범(戰犯)을 처리하는 도쿄 재판 과정에서 개전(開戰)에 적극적으로 참여한 증거가 없고, 도조 내각에서 즉시 정전 강화(停戰講和)를 하도록 주장했던 점이 참작되어 도조 등 7명의 A급 전범들이 처형된 1948년 12월 24일 무죄로 풀려났다. 패전국으로서 겪어야만 했던 정치적 굴욕, 그 이후 1951년 9월 8일 샌프란시스코 조약 및 미일안보조약 체결 그리고 오키나와의 미국령 편입(1972년 5월 15일 반환) 등의 미국 지배는 개인뿐만 아니라 일본으로서는 굴욕으로 받아들이지 않을 수 없었을 것이다. 이것은 그가 훗날 대미(對美) 자주 외교의 길을 걷게 된 원동력이 된다. 그것이 아베 수상의 탈 냉전 레짐을 주축으로 하는 민족주의 노선으로 전이된 것이다.

그는 외무성 장관을 거쳐 1957년 2월 25일 외무 장관 겸임 수상으로 선출된다. 그는 이전부터 미일안보조약의 불평등성을 치욕적으로 생각해 왔다. 예컨대 일본은 미국에 기지를 제공해야 하나, 미국은 일본을 방위할 의무가 없다든지, 미군의 일본 기지 사용에 대한 일본의 발언권을 인정하지 않는다든지, 특히 주일 미국인의 치외법권 인정은 굴욕 중의 굴욕이었다. 주일 미군이 일본 영토 내에서 범법 행위를 일삼아도 일본의 법률에 의하여 처벌을 못하는 것이다. 1858년 미일통상조약(치외 법권 인정, 관세 주권의 불인정)의 복사판이다.

안보조약은 전후의 국제 질서 재편 과정에서 일본을 약화시키려는 미국의 의도를 담고 있었던 것이다. 독립 국가로서의 주권 회복은 그에게 맡겨진 최고의 정치적 과제였다. 그는 수상 취임 직후부터 대미 자주 외교의 일환으로서 미일안보조약 개정(실제로 1960년 1월 개정됨)과 오끼나와 반환 문제를 협의하기 시작했다.

아베 수상의 민족주의 노선의 표출

기시 수상의 대미 자주 외교는 어떻게 아베 수상의 민족주의로 전이되었는가?《제펜 타임스*The Japan Times*》(2015년 7월 23일자)는 기시 수상이 오랜 동안 염원했던 헌법 개정 과업을 아베 수상이 '집단적 자위권 재해석'(동맹국 또는 이해 관계가 밀접한 우방의 요청으로 해외 분쟁 지역에 자위대 전투 부대 파견이 가능하다는 헌법 9조 해석)으로 달성했다고 보도하고 있다. 이것은 아베 수상의 탈 냉전 레짐 야망을 성취하기 위한 첫걸음에 불과하다. 그의 탈 냉전 레짐은 일본 군사력이 아무런 제약없이 해외로 진출할 수 있도록 헌법을 개정하는 것으로 완성될 것이다. 다음은 이 신문에 실린 내용이다.

기시 수상은 미 군정 지배의 산물인 헌법 개정을 오랫동안 정치적 염원으로 여겨 왔다. 그는 1947년 5월 3일(현재 헌법 기념일로 지정되고 있다) 발효된 헌법은 미국이 이끈 연합국(Allied Occupation)의 전후 일본 점령 정책의 산물이라고 보았다. 군대 보유 금지, 자위대 해외 파병 금지, 비핵 3원칙 등은 일본을 주권 국가로 인정하지 않고 나아가 일본 국민의 애국심을 말살하려는 당시 미국의 지배 전략의 산물이라는 것이다.

아베 수상은 조부의 정치적 염원을 달성하는 것을 그의 소명으로 여겼다. 그는 2000년 5월 중의원 위원회에서 처음으로 "누가 봐도 헌법은 강제적으로 만들어진 것이 분명하다. 일본인들의 정신에 나쁜 영향을 미치고 있다. 스스로 새로운 헌법을 만드는 것은 매우 중요하다"라고 속내를 드러냈다.

기시 수상은 연합국 점령에서 비롯된 국가적 열등의식을 없애고 적대국이었던 미국과 평등 관계를 구축하기 위하여 1951년 체결된 미일안보조약을 개정하는 데 정치 생명을 걸었다. 이 조약과 함께 일본은 제2차 세계대전 연합국과 샌프란시스코 평화 조약을 체결함으로써 국제 무대에서 그 지위를 인정받게 되었다. 그러나 이 조약은 미군의 일본 주둔을 허용하나 미국의 일본 방위 의무를 매우 애매하게 규정했다. 현재의 안보조약은 1960년 기시 수상이 체결한 것으로 상호 방위 원칙을 명문화하고 있다. 기시 수상이 염원했던 대미 자주 외교의 절반의 성공이다.

정부의 헌법 해석, 즉 집단적 자위권 행사를 금지하는 해석에 의하면 일본은 미국을 방위할 수 없다. 자위대 전투 부대의 해외 파병을 금지하고 있기 때문이다. 이것은 현재까지 미일안보조약이 실질적으로 불평등했다는 점을 보여 준다. 2000년 중의원 위원회에서 아베 의원은 헌법 해석을 '매우 수치스러운' 것으로 비난하면서 집단적 자위권은 자연권(natural right)에 해당한다고 주장했다. 나아가 "권리가 있으나 행사할 수 없다는 것은 어불성설이다"라고 역설했다. 2014년 7월 1일, 아베 내각의 헌법 9조 재해석은 지금까지 스스로 채웠던 집단적 자위권 행사 금지의 족쇄를 푼 것이다.

여전히 아베 수상은 재해석으로 보장된 '제한된 범위 내에서의

일본 열도는 왜 후진하는가

집단적 자위권 행사'로는 탈 냉전 레짐 구축이 불충분하다고 믿고 있다. 그의 조부가 염원했던 바와 같이 아베 수상은 아무런 제약없는 집단적 자위권 행사가 가능하도록 헌법 개정을 갈구하고 있다. 그는 2007년 기자회견에서 헌법 개정에 진력할 것이라고 선언하기도 했다. 그 이후에도 그의 입장은 전혀 변화가 없어 보인다.

제2차 아베 내각 출범 직후, 그는 헌법 9조보다는 96조(헌법 개정 절차 규정)를 개정하려는 야망을 보였다. 헌법 개정 절차를 완화하고자 했던 것이다. 연립 정권의 한 축인 공명당(公明黨)의 반대에 부딪치자, 자민당보다 훨씬 보수 계열인 유신(維新)의 당의 지지를 받고자 했으나 국민의 반대까지 겹치면서 실현되지는 못했다. 그러나 그의 민족주의 야망은 숨을 고르고 있을 뿐, 앞으로도 변함이 없을 것이다. 아베 정권이 구시대의 팽창주의로 내닫지 않을까 하는 우려감마저 느껴진다.

탈 냉전은 아베 민족주의 노선의 기폭제

아베 수상의 민족주의는 탈 냉전을 계기로 수면 위로 드러나기 시작했다. 국제 질서는 1989년 11월 베를린 장벽의 붕괴를 전환점으로 1991년 소련의 붕괴를 거쳐 탈 냉전 시대로 접어들었다. 유일의 패권국이 된 미국의 클린턴 행정부는 1990년대 들어 자국 경제 우선을 내걸고 고립주의(isolationism)로 전환했다. 세계 경찰로서의 임무와 지위를 포기한 것이다. 일본으로서는 미일안보조약의 실효성에 의문을 갖기 시작했다. 이것을 '동맹(同盟) 딜레마'라고 한다.

미국의 대외 행동을 미루어 볼 때, 미일 동맹 관계가 지속될 수 있는가, 즉 일본이 외부로부터 침략을 받았을 때 미국이 도울 의지가 있는가에 대한 의문이다. 특히 중국이 노리고 있는 센가쿠 열도(尖閣諸島)가 무력 공격을 받았을 때 미국이 도우러 올 것인가에 대한 의문이 확산되고 있었다. 이것이 일본 젊은 정치인들과 극우파의 민족주의를 자극했다. 이때 아베를 비롯하여 젊은 민족주의 성향의 정치인들이 전면에 진출하여 보수주의 집단을 형성하게 된다. 이들은 현재 자민당의 리더십을 형성하고 있다. 극우파는 그들의 행동대로 활약하고 있다.

일본은 동맹 딜레마를 극복하고자 중국에 접근했다. 국제 관계를 보는 시각 중에서 자유주의(自由主義, liberalism)는 상호 의존 관계가 확대되면 상호 이익이 증대하기 때문에 분쟁의 가능성이 줄어든다고 주장한다. 이에 근거하여 일본은 중국과 우호 관계를 유지하면 경제적 이익뿐만 아니라 중국으로부터의 위협, 즉 안보 딜레마(security dilemma)를 극복할 수 있다는 계산을 염두에 두고 있었다. 다만 미국과의 관계를 훼손하지 않는다는 원칙에는 변함이 없었다. 이때부터 아베를 비롯한 젊은 의원들 사이에는 전후 미국의 강요로 이루어진 제한적 주권을 회복하자는 움직임이 본격화된다. 미국을 자극하지 않으려고 이것을 탈 냉전 레짐이라고 표현했을 뿐이다.

걸프만 전쟁(1991년 1월 개시) 때까지만 해도 미국의 고립주의에는 별다른 변화가 없었다. 일본은 미국의 지원 요청에 대하여 종전 후 호르무즈 해협 기뢰 제거와 130억 달러의 현금으로 지원했다. 이른바 수표 외교(checkbook diplomacy)이다. 그 이후인 2001년 9월 11일 미국의 무역센터로 돌진한 동시 다발적 테러 공격은 미국을 고립주의로부터 개입주의(interventionism)로 전환시키는 중대한 계기였다. 미국이 세계 경찰로서의 임무로 다시 복귀한 것이다.

미국의 아프가니스탄 침공(2001년 10월 개시), 이라크 침공(2003년 3월 개시)은 이렇게 시작되었다. 이때 미국은 일본에 지원을 요청했으나 이전과 마찬가지로 수표 외교 및 후방 지원이 전부였다. 자위대 전투 부대의 파견은 헌법상의 이유로 거론조차 되지 않는다. 더구나 2009년 들어선 민주당 정권은 인도양에서 활동 중이던 미국 전함에 대한 중유 공급 지원을 중지하고 인도적 지원으로 전환했다. 이것이 미국의 분노를 촉발하면서 미일 관계는 유례없는 냉각 상태로 빠져들었다.

그 대신 일본은 자유주의에 입각하여 중국과의 경제적 상호 의존 관계를 심화시켜 갔다. 중국은 이미 2006년부터 일본의 제1 무역 상대국으로서 부상했다. 그 결과 2010년 일본 수출의 19.4%, 수입의 22.1%를 중국에 의존하면서 '비대칭적 상호 의존 관계'가 심화되고 있었다. 필자는 이것을 일본의 '중국 딜레마(China dilemma'라고 표현한다. 이 말은 일본의 대중(對中) 무역 관계에서 마찰이 생길 경우, 기회비용이 매우 크다는 것을 의미한다.

2010년 9월 센가쿠 열도(尖閣諸島) 사건은 일본에 커다란 안보 위협을 가져왔다. 일본 오키나와 남부에 위치한 무인도인 이 섬 주변에서 중국의 어선과 일본의 해상자위대 전함이 충돌한 것이다. 앞서 언급한 바와 같이 이 섬은 청일 전쟁(1894-95)의 부산물로 일본의 오끼나와 겐으로 편입된 지역이다. 이 지역은 자원의 보고(寶庫)일 뿐만 아니라, 해로(海路)로서 매우 중요한 전략적 가치가 있다. 이것은 단순한 충돌 사건이 아니라, 중국이 힘의 외교를 바탕으로 실지(失地)를 회복하겠다는 의지를 과시한 사건이었다.

해상 충돌의 파급 효과로 중국은 일본에 대하여 희귀석 수출을 금지하면서 압박하고 나섰다. 일본은 희귀 금속 광물을 전량 중국에 의존하고 있었으니 '차이나 쇼크(China shock)'라고 불릴만큼 중국의 수출 금지는 경제계에 패닉을 몰고 왔다.

아베 수상의 탈 냉전 레짐에 대한 집착

일본은 이 사건을 통하여 대미(對美) 관계에서는 동맹 딜레마, 대중(對中) 관계에서는 안보 딜레마 및 중국 딜레마에 빠져 있음을 깨달았다. 이때 아베 수상은 야당 의원으로서 일본이 처한 딜레마를 뼈저리게 느끼고, 민족주의 성향을 더욱 굳혔을 것이다. 그 민

일본 열도는 왜 후진하는가

족주의가 그를 2012년 자민당 총재 선거에 다시 출마하도록 자극했다.

제1차 내각에서 도중하차했음에도 불구하고 그의 '강력한 일본의 재건'이라는 민족주의적 집념은 국민들의 마음을 흔들기에 충분했다. 지금까지와는 전혀 다른 박력 있는 리더십도 국민적 기대감을 불러일으키는 데 크게 어필했다. 그는 제2차 아베 내각의 첫날, 집단적 자위권 재해석을 다시 추진하겠다고 선언하여 민족주의 노선을 걸을 것임을 명백히 했다.

그의 제2차 내각에서의 민족주의 노선은 탈 냉전 레짐으로 집약된다. 여기에는 1990년대 이후의 민족주의 노선과는 다른 복잡한 계산이 깔려 있었다. 중국 쇼크가 결정적으로 작용하고 있었다. 앞서 센가쿠 열도 사건으로 드러난 세 가지의 딜레마를 동시에 해소하기 위해서는 대미(對美) 자주가 아니라 대미 적극 협조가 필요하다는 계산이다. 친미(親美)로 복귀하여 국가 이익을 최대화하려는 민족주의 노선이다. 앞서 언급한 바 있는 요시다 독트린(the Yoshida Doctrine)으로의 복귀이다.

이것은 탈 냉전 레짐에 역행하는 듯하다. 대미 자주가 아니라 냉전기의 미일 관계로 복귀하는 것을 의미하기 때문이다. 2013년 3월 아베 정부의 환태평양 경제협력 협정(Trans—Pacific Partnership, TPP)으로의 복귀 결정도 같은 맥락에서 이루어진 것이었다. 일본은 센가쿠 열도 사건 이전에는 대중 관계를 우선시하여 중국이 주도하는 동아시아 지역 포괄적 경제협력 협정(Regional Comprehensive Economic Partnership, RCEP)을 선호하고 있었다. 이때까지도 일본은 기시 수상이 염원했던 대미 자주를 탈 냉전 레짐의 한 축으로 인식하고 있었던 것이다.

일본의 수표 외교에 불만을 갖고 있던 미국의 압력은 아베 수상의 대미 협조를 통한 민족주의의 실천에 크게 작용했다. 2014년 오바마 대통령의 일본 방문을 수행한 미국의 고위 관료는 "일본 영토를 수호하는 미국 전함이 공격을 받았을 때, 그리고 해상 자위대가 그들을 구하려고 아무런 대응 조치를 취하지 않을 때, 미국은 일본에 대한 신뢰를 계속 유지할 수 없다"고 했다.[15] 한 방위성 고위 관료는 "미국의 압력이 있으면 일본은 따를 수밖에 없다"고까지 고백한 바 있다.[16]

아이로니컬하게도 미국의 압력은 전후 미일 안보 관계의 전환점으로 작용했다. 그것은 일본의 국방력 강화 및 자위대 전투 부대 해외 파견을 합헌화(合憲化)한 일등 공신이다. 미국이 주도하여 제정한 평화 헌법은 미국의 압력 또는 용인하에 파기된 것이다. 일본은 탈 냉전 직후 대미 자주와 친중을 통하여 탈 냉전 레짐을 구축하고자 했다. 그러나 차이나 쇼크를 전환점으로 3대 딜

---

15 《讀賣新聞》(2014年7月2日).

16 《朝日新聞》(2014年7月2日).

레마에 직면하게 되자 그 본질은 유지한 채 미국에 협조함으로써 변형된 탈 냉전 레짐을 추구하고 있는 것이다. 집단적 자위권 재해석을 둘러싼 논쟁에서는 미국에 대한 협조 의지가 매우 돋보였다.

다음에는 집단적 자위권의 재해석과 아베 노믹스를 중심으로 아베 수상의 민족주의 노선을 살펴보고자 한다.

2. 아베의 민족주의 실천 (1) : 집단적 자위권 재해석

전후 집단적 자위권 행사의 포기

아베 수상은 기시 수상의 대미 자주 정신을 계승하여 현행 헌법을 전후 연합국에 의하여 강요된 패전의 상징물이라고 비판했다. 또한 헌법을 치욕적이고 열등한 것으로 보고 있다. 기시 수상이 대미 자주를 탈 냉전 레짐으로 인식했다면, 아베 수상은 스스로의 힘으로 새로운 헌법을 제정하는 것을 탈 냉전 레짐의 완성으로 인식하고 있다.

탈 냉전 이후 그 첫 시도는 헌법 9조에 규정된 집단적 자위권에 대한 해석을 변경하는 것에서 나타났다. 전후 집단적 자위권에 대한 해석은 아래 표에서 보는 바와 같이 보유하되 그 권한을 행사하지 않는 것으로 일관하고 있었다.

〈표 1〉 전후 역대 정부의 집단적 자위권 해석

역대 정부	헌법 9조에 대한 해석
요시다(吉田, 1946)	일본은 국제 분쟁 해결 수단으로서 모든 군사적 위협이나 행사를 포기한다. 이를 위해서 일본은 군사력을 일절 갖추지 않고 전쟁권을 포기한다.
오무라(大村, 1954)	헌법은 집단적 자위권을 보장하고 있다. 일본이 외부로부터 침략을 당했을 때 그 영토를 보호하기 위한 수단으로서 군사력에 의존하는 것은 헌법 정신과 일치한다.
기시(岸, 1960)	헌법은 평화와 안정을 유지하기 위하여 필요한 조치를 취하는 것을 금지하고 있지 않다. 그러나 그 조치는 긴급하고 정당하지 못한 사태에 한하여 최소한도에 그쳐야 한다. 따라서 헌법은 집단적 자위권의 행사를 허용하지 않는다.
다나까(田中, 1972)	일본은 집단적 자위권을 갖고 있다. 그러나 그 행사는 헌법에서 규정된 집단적 자위권의 범위를 넘어서는 안된다.
스즈끼(鈴木1981)	일본의 헌법은 집단적 자위권의 행사를 허용하지 않는다.

자료: 《讀賣新聞》(2014年7月2日) ; 《朝日新聞》(2014年7月2日) ; 《每日新聞》(2014年7月2日). 오무라(大村)는 당시 방위청(현 방위성) 장관.

집단적 자위권 행사는 탈 냉전 레짐으로의 첫 관문

아베 수상은 왜 집단적 자위권 행사에 집착했을까? 외조부로부터 물려 받은 그의 민족주의에 기인한다. 이것을 탈 냉전 레짐으로의 첫 관문이라고 믿고 있기 때문이다. 상호 의존이 심화되고 있는 국제 관계에서 반 글로벌 민족주의 노선은 시대 조류에 분명히 역행한다. 인근 국가들을 배척하기보다는 포용하여 상호 의존 관계를 확대하는 글로벌 마인드야말로 일본의 경제, 안보에 유익하다. 그러나 일본은 국제적 환경 변화에 둔감해지고 있다는 느낌마저 든다. 글로벌화의 물결을 외면한 채, 소탐대실(小貪大失)의 길을 걷는 실책을 범하고 있다.

일본은 동아시아 국제 질서에서 자신의 상대적 지위 쇠퇴와 중국의 상대적 지위 상승의 역학 관계를 목격하면서 불안, 초조해하고 있다. 중국의 센가쿠 열도 반환 요구와 방공 식별권 확대 재편(2013년 11월)은 일본의 상대적 쇠퇴를 확인시켰다. 일본은 동아시아에서 리더의 위치에서 보통의 구성원으로 추락하고 있다. 그럴수록 인근 국가와의 상호 의존 관계를 확대하면서 중국의 팽창주의를 견제하는 것이 일본의 국익에 도움이 된다.

국제 관계 연구에서는 국력을 결정하는 요인으로 인구 규모, 경제력, 정치 능력 등을 중요시한다. 그 중 경제력은 방위력, 국민 복지 수준의 기반이 되는 가장 중요한 국력의 원천이다. 강대국은 패권국 국력의 80%에까지 접근했을 때 잠재적 도전국(potential challenger)으로 등장하고, 패권국 국력을 20% 이상 추월했을 때 그 지위가 역전(overtaking)된다고 한다. 동아시아에서 중일 간의 국력이 역전된 시점은 2009년 전후이다.

그 이후 일본과 중국의 국력 차이는 아래 표에서와 같이 점차 커지고 있다. 뒤집힐 가능성은 전혀 없다. 중국이 영토 및 경제적 팽창을 적극적으로 시도하고 있는 것은 국제적 지위의 역전에서 비롯된 자신감의 표출이다. 즉 국력을 바탕으로 한 힘의 외교이다. 이것은 일본의 민족주의적 대응을 부채질하고 있다. 중일 간에는 '작용과 반작용의 법칙'이 적용되는 파워 게임의 악순환이 되풀이 되고 있는 것이다.

〈표 2〉 중일의 국력 비교

요소	일본	중국
인구 규모:		
총 인구	1억 2734만 명 (2013)	13억 6076만 명 (2013)
15-59세 노동력	5640만 명 (2014)	9억 9700만 명 (2013)
65세 이상 인구(노령화) 비율	25.0% (2014)	14.8% (2014)
실업률	3.50% (2014)	4.1% (2014)
경제력:		
GDP 규모	4조 7698억 달러(2014)	10조 3601억 달러(2014)
군사비/GDP	1.0% (2013)	2.0% (2013)
무역 규모	1조 5483억 달러(2013)	4조 3000억 달러(2014)
외환 보유고	1조 2668.5억 달러(2013)	3조 8803.7억 달러(2013)
정치적 능력:		
국가 경쟁력	9위	29위
정부 효율성	17위	31위

자료: World Economic Forum, *The Global Competitiveness Report 2014-2015* 외 다양한 자료 활용.

리더십의 구심점 회복 수단으로서의 집단적 자위권

국내 상황을 보면 1992년 이후 장기 침체로 일본 사회가 자신감을 상실하고 불안에 사로잡혀 있었다. 제1차 아베 내각 이후의 자민당 내 리더십 혼란, 그리고 민주당 정권 이후의 리더십 혼란 등은 일본 사회가 구심점을 잃고 방황하고 있음을 보여 주었다. 이를 타파하기 위해서는 강력한 구심점을 회복할 필요가 있었다. 아베 수상이 제1차 내각에서 실패했음에도 불구하고 제2차 내각을 구성할 수 있었던 것은 그가 내건 탈 냉전 레짐, 강력한 일본의 재건 등의 야심찬 민족주의 노선이 큰 호응을 얻었기 때문이다.

집단적 자위권의 재해석이야말로 국민의 기대를 고조시키기에 매력적인 정치적 선전 수단이다. 연이어 2014년 12월 6일 '특정 비밀 보호에 관한 법률'(특정 안전 보장 정보에 대해서는 비밀 보호 유효 기간을 정함)의 제정(12월 10일 시행)으로 그는 민족주의 노선을 밀어붙일 것임을 시사했다. 전전의 침략 전쟁의 역사와 종군 위안부의 실체 부인 그리고 독도 영유권 주장 등은 그의 민족주의 노선의 표출이자 정치적 선전이다.

그 일환으로 제2차 세계대전을 주도한 전범(戰犯)은 국내법상 범죄자가 아니라고까지 공언하면서 야스쿠니 신사를 방문하여 피해국들을 자극하고 있다. 한국과 중국은 아베 수상의 집단적 자위권 재해석을 과거 일본 군국주의의 부활이 아닌가 우려하고 있다.

같은 전쟁국이었던 독일의 참회하는 태도와는 너무도 대조적이다. 이에 집착하는 한, 일본은 국제 사회에서 더욱 고립화될 수밖에 없다.

　그의 태도는 앞으로도 변함이 없을 것이다. 우호적인 한일 관계는 멀어져만 가고 있다. 한편 그의 민족주의 노선은 일본이 처하고 있는 국내외 불안을 반영한 정치적 쇼가 아닐까 한다. 그의 노선에 대하여 극우파들은 친 아베 나팔수로 전면에 나서고 있는 반면, 국민 대다수는 일본이 전전의 전쟁국으로 복귀하는 것은 아닌지, 국민의 알 권리를 제한하여 민주주의를 후퇴시키는 것은 아닌지 우려하면서 극렬히 저항하고 나섰다. 일부 자유주의자들은 아베를 일본판 히틀러로 비유하면서 비난했다.

　앞서 살펴본 바와 같이 일본 헌법 9조는 집단적 자위권을 갖고는 있으나 행사할 수 없다고 해석되고 있었다. 그렇다면 외부로부터의 침략으로 촉발된 전시 상태에서도 집단적 자위권 또는 개별적 자위권을 행사할 수 없는가? 그렇지는 않다. 일본이 생존 위기에 직면했을 때, 미일 동맹 관계에 근거한 집단적 자위권과 개별적 자위권은 허용된다. 즉 무력 사용이 허용된다. 이 경우 세 가지 조건을 전제로 수동적이고 제한적으로 행사할 수 있다. 첫째는 긴급하고 정당하지 못한 외부 침략을 받았을 경우, 둘째는 그것을 격퇴하기 위한 적절한 수단이 없을 경우, 셋째는 무력 사용은 필요 최소한도로 행사해야 한다 등의 조건이 그것이다.

그러나 집단적 자위권 행사를 명분으로 한 자위대 전투 부대의 해외 파병은 일절 허용되지 않았다. 그것은 외부 전쟁에 휘말리지 않겠다는 의지와 함께 팽창주의의 포기를 천명하여 선린 관계를 구축하려는 의지를 반영한 것이다. 한 방위성 고위 관료는 "헌법 9조 덕분에 일본이 베트남전이나 한국 전쟁으로부터 피해를 보지 않을 수 있었다. 걸프전 직후 UN 평화군 파견에 대한 법적 조치가 논의되었을 때 일본이 세계의 경찰로 되는 것을 허용해서는 안된다고 방위성 차관에게 건의한 바 있다"[17]고 했다.

재해석 이전까지 미국을 포함한 우방국으로부터의 파병 요청은 헌법 9조의 해석을 이유로 거부할 수 있었다. 그 대신 인도적 지원, 후방 지원, 수표 외교 등으로 미국의 자위대 전투 부대 파병 요청에 대응해 왔다. 이러한 태도는 미국의 불만을 초래하기도 했으나 평화 헌법을 유지할 수 있었던 원동력이었다.

집단적 자위권 행사는 외조부의 민족주의의 계승

아베 수상은 자위대 전투 부대의 제약없는 해외 파병을 탈 냉전 레짐의 완성으로 인식하고 있다. 그의 재해석 시도는 외조부로

---

17 《朝日新聞》(2014年7月2日)

부터 계승한 민족주의의 첫 실천이다. 탈 냉전 이후 미국의 고립주의와 중국의 팽창은 그의 민족주의를 자극했다. 재해석은 미국의 불만을 해소하고 탈 냉전 레짐으로 가는 첫 관문이라는 신념을 반영한다. 이를 실천하기 위해서 그는 재해석에 머물지 않고 헌법 개정까지 염두에 두고 있었다. 제1차 아베 내각 출범 직후, 그는 내각부(한국의 청와대에 해당)에 '안전 보장 법제 위원회'를 설치하여 집단적 자위권 행사에 대하여 포괄적으로 검토하도록 지시했다.

이것이 집단적 자위권 재해석의 첫걸음이다. 그의 의지가 표면화되자 연립 여당인 공명당(公明黨)은 재해석이야말로 일본의 안보를 보장하는 데 필요한 '최소한의 수단'을 넘어서는 것이라고 주장하면서 그 시도에 반대 입장을 분명히 했다. 그러나 2006년 9월 12일 아베 수상의 퇴진과 자민당 내의 리더십 혼란 등으로 더 이상 추진할 수 없게 되었다. 그 이후 탄생한 민주당 정권은 재해석을 더 이상 거론하지 않았다.[18]

2012년 12월 16일 중의원 선거에서 자민당은 집단적 자위권의 행사 허용을 주요 선거 공약으로 내걸었다. 그러나 이것이 국민 정서에 반하고 있음을 간파하고 경제 이슈를 전면에 내걸었다. 아베

---

18 이 부분 및 그 이후의 내용은 Manhee Lee, "Japan's Reinterpretation of Its Right to Collective Self-Defense in East Asian Power Transition." (미발표)를 참고한 것임.

노믹스의 원형은 이때 드러났다. 그 결과 자민당은 압승으로 재집권할 수 있었다. 아베 수상은 12월 26일 제2차 아베 내각을 출범시킨다. 첫날 그는 제1차 내각에서 발족했던 안전 보장 법제 위원회 활동을 재개하여 본격적인 재해석 시도에 돌입했다.

2014년 5월 15일 위원회가 아베 수상에게 보고서를 제출하면서 재해석 시도는 수면 위로 오르게 된다. 공명당과 야당, 그리고 국민으로부터 많은 비판을 받았음은 물론이다. 그럼에도 불구하고 아베는 6월 8일 내각부 내의 '국가 공안 위원회'에 22일까지 공명당과 협의하여 정부안을 만들도록 지시했다. 이때부터 일본 사회와 국제 사회는 재해석을 둘러싸고 아래 표에서 보는 바와 같이 찬반 여론으로 양극화되는 양상을 보였다.

〈표 3〉 집단적 자위권 재해석에 대한 찬반 논리

태도	행위자	논리
찬성	아베 및 자민당	중국에 대한 억지력 향상 미국과의 유대 강화 호르무즈 해협 봉쇄로 인한 경제적 패닉 방지
	외무성	수표 외교를 넘어선 외교 수단의 다양화 필요 국제 관계에서의 역할 확대 필요
	방위성	미일 동맹 관계의 강화 미국의 요구 및 압력 해소
	아세안 및 호주	미국의 영향력 공백을 채우려는 중국의 야망 견제

반대	공명당	전후 안보 정책(집단적 자위권 행사 금지, 침략을 받은 동맹국 방위 금지)의 근본적 변화 우려 자위대 활동 범위 확대 우려
	야당	개별적 자위권 및 경찰권만으로도 미국 함대 보호 및 해상 기뢰 제거 충분
	한국 및 중국	과거 전시의 일본 군국주의(軍國主義) 부활 우려

자료: 《朝日新聞》(2014年7月6日, 10日, 12日); 《讀賣新聞》(2014年7月2日); 《*The Japan Times*》(December 4, 2013; June 17, 2014).

공명당(公明黨)의 견제

정부안은 6월 17일 공개되었다. 정부안을 주도한 내각부는 집단적 자위권 행사의 조건으로서 첫째, 일본에 대한 직접적 무력 공격과 일본의 동맹국에 대한 무력 공격이 일본의 안보, 국민의 자유 및 행복 추구 권리를 위협할 때, 둘째, 국가를 방위할 적절한 수단이 없을 때, 셋째, 무력 사용은 필요 최소한도에 그친다는 조건 등을 제시했다. 이에 대하여 둘째와 셋째 조건은 이전을 답습한 것으로 별다른 이의가 없었다.

그러나 첫째 조건은 애매모호한 표현으로 집단적 자위권이 잘못 적용될 가능성이 커졌다. 이에 공명당은 집단적 자위권보다는 개별적 자위권 및 경찰권으로 충분하다고 맞섰다. 내각부는 공명당의 의견을 받아들여 '집단적 자위권을 명분으로 한 자위권 행

일본 열도는 왜 후진하는가

사' 라는 용어를 삭제했다.

그 대신 '자위권'이라는 용어로 대체하자 집단적 자위권 이상의 포괄적 권한을 인정하려는 것은 아닌지 우려가 제기되었다. '포괄적'으로 정의되자 그 해석을 둘러싼 정부의 과잉 재량권 행사 가능성을 우려한 것이다. 이때 공명당은 그 범위를 보다 분명히 규정할 필요성이 있다고 판단하고, 집단적 자위권은 일본이 명백한 위험(clear danger)에 처하고, 일본과 밀접한 관계에 있는 동맹국이 공격을 받아 그것이 일본의 안보와 국민의 생명 및 자유, 행복 추구권을 위협할 우려가 있을 때 행사할 수 있다는 의견을 제시했다. 공명당은 정부의 과잉 재량권을 억제하고, 한반도를 포함한 인근 지역까지로만 그 활동 범위를 제한하고자 했다. 이것은 2014년 7월 1일 내각 결정에 반영되어 재해석은 일단락되었다.

세 가지 조건 해석을 둘러싼 혼란 가능성

내각 결정에서 명문화한 '일본과 밀접한 관계에 있는 동맹국(Allies)'은 미국과 한국을 의미한다. 한국 안보는 일본의 집단적 자위권 재해석의 영향을 받지 않을 수 없다. 재해석은 말 그대로 재해석일 뿐, 별도로 명문화된 법률이나 규정이 있는 것은 아니다. 그 후속 조치로 2015년 7월 16일 일본 중의원은 10개의 안전 보장 법안을 개정했다. 여전히 과연 누가, 어떻게, 무엇을 기준으로 명백한 위협, 필요 최소한도의 무력 사용, 적절한 방위 수단의 부재 등을 판단하고 집단적 자위권 행사를 결정할 지는 애매하다. 내각 결정에 의하면 정부가 결정할 수 있는 권한을 갖고 있다. 정부의 재량권 남용 가능성도 여전하다. 한국이 이에 민감할 수밖에 없는 이유는 재해석이 담고 있는 세 가지 조건이 애매모호하기 때문이다.

2015년 10월 일본 방위성 장관은 "북한이 일본의 안보를 위협한다고 판단할 경우 선제 공격을 할 수 있다"고 발언했다. 한국 헌법은 북한도 한국의 영토라고 규정하고 있다. 또 한중북 간에는 서해 해상과 두만강, 백두산 지역에 국경선이 아직 불분명한 곳이 있다. 집단적 자위권의 행사는 한중일 간의 마찰을 낳을 수도 있음을 시사한다. 그 이전에 아베 수상은 "주일 미군의 한반도 출동은 일본 정부의 허가가 있어야 가능하다"는 발언을 해서 소동을 일으키기도 했다. 벌써부터 집단적 자위권 해석을 둘러싸고 한미일 간에 혼선이 빚어지고 있는 것이다. 한국 정부는 일관되게 "국익에 도움이 되지 않는 한 자위대의 한반도 진입을 허용하지 않겠다"고 공언하고 있다. 무엇이 '국익'인 지도 불명확하다.

아베 수상은 세 가지 조건(명백한 위험, 적절 격퇴 수단이 없을 경우, 필요 최소한도의 무력 사용)과 국회의 승인을 권한 남용 방지의 브레이크로 지적하면서 무력 행사는 '특수한 경우'에 국한될 것이라고 했다. 구체적으로 일본인을 수송하는 미국 전함의 보호, 공격을 받고 있는 미국 전함의 보호, 의심되는 선박의 억류 및 조사, 일본 영공

을 통과하는 대미(對美) 탄도 미사일 요격, 탄도 미사일 방어를 목적
으로 하는 미국 전함의 보호, 미국 본토에 대한 공격을 막고자 일
본 근해에서 작전 중인 미국 전함의 보호, 해상 기뢰 제거, 민간 선
박의 보호를 위한 국제 협조 등이 그것이다.

집단적 자위권 행사의 한국 안보에의 영향

　과연 무력 사용은 이 경우로만 한정될 수 있을까? 앞서 일본인
들은 매뉴얼을 중시하는 문화를 갖고 있다고 설명했다. 어떤 사태
도 매뉴얼 규정대로 일어나지 않는다. 매뉴얼이 모든 경우의 수를
상정할 수는 없다. 세 가지의 조건은 가이드라인에 불과하다. 필자
의 판단으로는 한반도에서 분쟁이 발발했을 경우, 한국 거주 일본
인 보호 및 귀국 수송 그리고 작전 중인 미국 함선의 보호 등에 한
하여 집단적 자위권을 행사하려 할 것이다. 주일 미군의 출동에까
지 간섭할 지도 모른다. 한반도 분쟁에는 직접적으로 개입하지 않
을 것이다. 한일 간의 해석 차이는 오히려 한미 연합 작전 수행을
가로막는 걸림돌이 될 수도 있다.
　세 가지 조건보다는 국민의 여론이 그 행사를 억제하는 가장
효과적인 브레이크가 되지 않을까 한다. 아베 수상이 재해석을 통
하여 자위대 전투 부대의 해외 파병의 길을 연 것은 국민의 반대
여론을 고려할 때 국민 투표로는 헌법 개정이 불가능하다고 판단

했기 때문이다. 그러나 2014년 11월 14일 실시한 중의원 선거에서
의 자민당 압승(의석수 325/475)은 아베의 국민 투표를 통한 헌법 개
정을 유혹하고 있다. 더구나 신임 중의원 의원의 69%가 헌법 개정
에 찬성하고 있다. 만일 아베 노믹스가 기대한 성과를 낳는다면 국
민 정서도 바뀔 수 있다. 이때 그는 아무런 제약 없는 자위대 전투
부대의 해외 파병이라는 탈 냉전 레짐을 완성할 수 있을 것이다.

집단적 자위권 재해석은 정책 실패의 되풀이

집단적 자위권의 재해석은 아베 수상이 외조부의 영향으로 오
랫동안 염원했던 탈 냉전 레짐을 향한 민족주의 노선의 첫 시발
점이다. 대외적으로는 중국의 팽창에 대한 불안과 미국의 해외 분
쟁 지역으로의 일본 전투부대 파병 요구 그리고 국내적으로는 강
력한 일본 재건을 통한 자신감 회복 등이 그를 민족주의 노선으로
기울게 했다. 이는 글로벌 시대에 역행하는 내향적(inward-looking)
행동이다. 글로벌 시대는 지경학적 역학이 지배한다. 오늘날 각국
은 상호 의존 관계를 확대하여 경제 활동 범위를 넓혀가는 외향적
(outward-looking) 행동을 선택한다. 이것이 강력한 일본의 재건 그
리고 자신감 회복의 지름길이자, 저(低) 비용 고(高) 성과 전략이다.

집단적 자위권 재해석은 국내에서 정치적 선전 도구로서 효
과가 있겠지만, 그 불명확한 조건은 한미일 관계를 복잡하게 만들

고 있다. 한국과 중국은 일본이 전전의 군국주의로 회귀하지 않을까 우려하고 있다. 한국의 포괄적(경제, 안보 등) 기회비용을 증가시키고 있다. 아베 수상의 전전 유산에 대한 태도와 함께 집단적 자위권 재해석은 한중일 관계를 후퇴시키고 있다. 3국 간 관계의 침체는 일본의 포괄적 기회비용을 크게 증가시키고 있음을 직시해야할 것이다.

일본의 대외 행동은 지나치게 대미 의존적이고 장기 전략이 결여되어 있다는 느낌이 든다. 일본의 유연성이 부족한 근시안적 행동은 동아시아에서 그 국제적 지위를 추락시키는 결정적 원인이었다. 일본은 경제 대국이면서도 동아시아에서 리더로서의 역할을 하지 못했다. 국제 관계에서 리더가 되기 위해서는 역내 국가들의 수입 시장 및 자본 공급원으로서의 역할을 떠맡아야 한다.

그러나 냉전기나 그 이후에도 일본의 이러한 역할은 극히 제한적이었다. 단기적 이익 극대화가 일본의 대외 행동의 목표였다. 예컨대 1992년 버블 붕괴 이후 그리고 1997년 8월 아시아 금융 위기 직전 후 동아시아에서 스스로 물러나는 실책을 범했다. 장기적 이익을 고려했다면 그런 선택을 하지 않았을 것이다. 그 공백을 중국이 채워가면서 일본은 동아시아에서의 리더 자격을 완전히 상실하고 말았다.

아베 정부는 동남아시아 국가 연합(ASEAN)에서 중국의 영향력이 커지자 뒤늦게 동남아시아 국가들과 협력 관계를 복원하고자 접근하고 있다. 중국의 영향력을 고려할 때, 그 효과는 미지수이다. 동아시아 국가들은 일본을 더 이상 리더로 인정하지 않는다. 그들은 일본의 상대적 지위 쇠퇴를 기정사실로 받아들이고 있다. '메이드 인 저팬' 상품의 위력도 예전만 못하다. 일본 스스로 내향적 행동으로 기울어 기회비용을 높인 결과이다. 아베 정권의 집단적 자위권 재해석도 마찬가지이다. 글로벌 시대에 역행하는 아베 정권의 탈 냉전 레짐으로의 행보는 대미 의존도를 높이는 반면, 동아시아 역내에서는 고립화를 촉진하는 내향적 행동이다.

3. 아베의 민족주의 실천 (2) : 아베 노믹스

버블 붕괴의 원인 : 정책 실패

1992년 버블 붕괴는 일본의 사회·문화·경제에 치명적인 타격을 가했다. 일본 사회를 극도로 위축시킨 장기 침체의 시발점이었다. 버블은 왜 붕괴했는가? 앞서 언급한 1985년 플라자 합의(Plaza Accord)로 거슬러 올라가는 데 이의가 없다. 그 이후의 정책적 판단 미스가 일본 경제를 걷잡을 수 없는 침체 상황으로 빠지게 했다. 플라자 합의에 따라서 오오쿠라쇼(大藏省, 현재의 재무성)와 일본 은행은 엔고를 유도하여 그 후 환율은 3년간 46.3% 절상(1달러 당 238.6

엔에서 128.1엔으로) 되었다.

그 영향으로 경상수지 흑자가 감소되면서 성장률은 1985년 6.3%에서 1986년 2.8%로 급락했다. 미국을 비롯한 G5의 압력의 결과이다. 정부는 국제수지 흑자의 시정을 요구하는 국제적 압력과 엔고 완화를 요구하는 국내의 압력 속에서 재정 확대 정책을 통하여 흑자 축소와 엔고 완화를 유도하는 선택을 하게 된다.

그러나 재정 확대 정책은 정부 부채만 늘렸을 뿐, 엔고를 진정시키지는 못했다. 오히려 엔고로 경상수지 흑자가 축소되자 불황이 나타나기 시작했다. 그 타개책으로 일본 은행은 저금리 정책으로 돌아섰다. 이것은 상업 은행 간의 융자 경쟁을 부채질하면서 자산 버블을 낳았다. 인플레 기대 심리가 고조되면서 부동산 투기 열풍이 전국으로 확산되기 시작했다.

일본 은행은 부동산 가격이 급등하자 정책적 판단 착오를 범하고 만다. 엔고 불황보다는 부동산 폭등을 우선적으로 해소하고자 융자 규제와 금리 인상을 단행한 것이다. 일본 은행은 1989년 5월 금리를 3.25%로 인상했다. 엔고로 경상수지 흑자도 급격히 감소되었다. 그 결과 국내 소비 수요(내수) 급락으로 주가가 폭락하고 부동산 버블이 붕괴되면서 장기 침체가 시작된 것이다.[19]

1992년 버블 붕괴는 내수 침체를 낳았고 부동산 가격의 폭락을 가져왔다. 앞서 언급한 바와 같이 필자는 2004년 거주지를 구하려고 대학 인근의 아파트를 물색하고 있었다. 그때 부동산 업자로부터 45평형 아파트 분양 가격은 4500만 엔이었으나 버블 붕괴 이후 수요 폭락으로 현재는 1500만 엔에 거래된다는 얘기를 들었다. 감가상각비를 고려하더라도 부동산 가격이 절반 이하로 폭락한 것이다. 다른 지역의 아파트를 물색했을 때도 같은 얘기를 들었다. 오래될수록 가격이 올라가는 한국의 상황과는 전혀 달랐다. 특히 일본은 어떤 상품이든지 감가상각률이 매우 높다는 데 놀랐다.

자산 가격의 폭락은 금융시장을 휘청거리게 했다. 보통의 일본인들은 대부분 2-30년의 융자를 끼고 주택을 구매한다. 그래서 평생 빚잔치를 하다 간다는 얘기를 한다. 주택 가격은 절반 이하로 폭락한 반면, 이자 부담이 커지니 은행으로서는 융자 대금을 돌려받지 못하는 사태가 빈번했다. 부동산을 팔아도 융자금을 갚지 못하는 이른바 부실 자산이 급증한 것이다. 이 때문에 소비 수요는 더욱 얼어붙었다. 이것은 금융기관의 경영을 심각하게 압박했다. 실제로 필자는 1997년 호카이도(北海道)에 본사를 두고 있던 다쿠쇼크 은행(拓殖銀行)과 도쿄에 있는 야마이찌(山一) 증권사가 파산하는 것을 목격했다. 야마이찌 증권사 사장의 마지막 호소는 아직도 생생하다. "내가 나쁠 뿐, 직원들은 아무런 죄가 없다. 한 사람이라도 좋으니 채용해 달라"는 호소였다. 이 호소는 일본 사회를 크게

---

19 村松岐夫/奧野正寬, 『平成バブルの硏究(下) : 崩壞編』(東京 : 東洋經濟新聞社, 2009), pp. 361-370.

　　　　　　　일본 열도는 왜 후진하는가

감동시켰다.

버블 붕괴 이후 정부는 공적 자금을 대거 투입하여 금융기관 살리기에 나선다. 필자는 1998년 10월 귀국했다가 2004년 3월 다시 일본으로 돌아왔다. 이때 이전의 은행명은 온데간데없고 전부 새로운 은행명밖에 없었다. 일본 정부가 0% 금리의 공적 자금을 투입하면서 은행 간의 흡수합병을 통한 대형화, 즉 빅 뱅크를 유도한 결과였다. 그 이후 금융기관 간의 흡수합병은 상설화된 듯하다. 최근에는 지방 인구의 감소로 수익이 개선되지 않자 지방 은행 간의 흡수합병이 늘어나고 있다.

0% 금리의 정착과 장기 불황의 시작

버블 경제의 붕괴는 0% 금리를 고착화시켰다. 그럼에도 불구하고 버블 붕괴로 인한 자산 가격의 폭락은 소비자의 소비 여력을 급격히 악화시켰다. 이는 내수 침체를 낳아 일본 경제를 디플레의 소용돌이 속에서 맴돌게 하고 있다. 0%의 금리는 소비 여력 뿐만 아니라 장래의 불확실성까지 고조시켜 일본 경제의 기초 체력(fundamentals)을 갉아먹고 있다. 마이너스 물가 상승률과 성장률은 무엇보다도 내수 침체가 초래한 결과였다. 현재 보통의 일본인들은 연금 의존도가 매우 높다. 중산층의 일본인들에 의하면 연금 수급액은 매년 감소하는 반면, 의료 보험료는 매년 증가하고 있다고 한다.

장래가 불안정할 수밖에 없으니 허리띠를 졸라매고 또 맨다. 퇴직 후에도 아르바이트 전선에 뛰어드는 경우도 쉽게 볼 수 있다. 어떤 젊은 일본인은 퇴직 후 연금을 수급받을 수 있을 지 모르겠다고 한다. 장래가 불확실한 상황에서 내수가 살아나기를 기대하기는 어렵다. 2014년 4월 1일에 단행된 소비세(한국의 부가가치세에 해당)의 5%에서 8%로의 인상과 2017년 4월 1일로 예정된 소비세의 8%에서 10%로의 재인상은 내수 여력을 더욱 압박할 것이 틀림없다.

한국은 일본형 불황을 닮아가고 있다. 저금리와 정부 지출로 내수 진작을 시도하고 있다. 그 결과 경제주체인 가계와 정부의 빚은 천정부지(天井不知)를 모르고 올라갈 뿐 내수는 좀처럼 활성화되지 못하고 있다. 세계 경기 침체가 부분적 원인이라 할 수 있으나 그 근본 원인은 아니다. 일본과 마찬가지로 복지 비용은 더욱 높아지고 있다. 일본의 사례에 비추어 과연 저금리 정책이 한국의 내수 진작에 효과적인가를 고민해 볼 필요가 있다.

한국은 일본보다 사회적 안전망이 매우 불충분하다. 장래의 불확실성이 더욱 높아질 수밖에 없다. 선거철마다 난무하는 인기 영합적(populist) 복지 지출 확대는 경기 활성화의 발목을 잡고 있다. 그것은 제살 깎기이자 국가 경제를 판돈으로 건 도박이다. 역발상이 필요한 시점이다. 내수 진작을 위해서는 퇴직자의 금리 의존형

일본 열도는 왜 후진하는가

가계를 보충하고, 또 외국인 투자자가 매력을 느낄 만한 금리를 보장할 필요가 있다. 수출 증대만으로는 분명한 한계가 있음을 인식해야 한다.

장기 불황기인 1992년 이후 2013년까지 일본의 경제성장률은 연평균 0.9%에 불과했다. 아시아 금융 위기, 리먼 쇼크 등의 외부 충격 그리고 2014년 4월 국내의 소비세 인상의 충격으로 성장률은 마이너스로 곤두박질쳤다. 내수는 좀처럼 살아나지 않은 채, 수출에만 의존하는 성장 구조의 한계를 여실히 보여준다. 경제성장률의 추락과 함께 디플레의 소용돌이에 갇혀 버린 일본 사회는 자신감도 상실한 듯하다. 앞서 언급했듯이 일본인들은 '소국 의식(小國意識)'에 갇혀 체념섞인 말을 많이 한다.

아베 노믹스의 등장과 비판

이러한 상황을 역전시키고자 등장한 것이 아베 노믹스이다. 그 원형이 드러난 것은 2012년 중의원 선거 당시이다. 당시 자민당 총재였던 아베는 금융 완화를 통하여 디플레와 엔고로부터 국가 경제를 구하겠다는 공약을 발표했다. 구체적으로는 2%의 인플레율과 2%의 경제성장률을 제시했다. 이것이 국민의 기대를 고취시켜 재집권에 성공하게 된다.

2013년 참의원 선거 공약에서는 아베 노믹스가 구체화되었다.

첫 번째 화살(정책 수단)로서 과감한 금융 완화(무제한의 엔화 풀기), 두
번째 화살로서 재정지출 확대(공공 프로젝트), 그리고 세 번째 화살
로서 민간의 투자 촉진에 의한 성장 전략 등이 그것이다. 장기간의
디플레 경제에 시달리고 있던 국민은 대환호했다. 2014년 중의원
선거 공약에서는 국가 경제를 되살리는 길은 아베 노믹스밖에 없
다고 선언하여 압도적인 의석을 차지하는 데 성공했다.

그러나 아베 노믹스는 출발부터 다음과 같이 국내외로부터 많
은 비판을 받았다.

〈표 4〉 아베 노믹스와 시장의 반응

정책 수단	정책 목표	시장의 반응
과감한 금융 양적 완화 (무제한 엔화 풀기)	-연간 6~70조 엔의 금융 확대로 2%의 인플레 유도 및 유효 수요 창출. -이자율을 낮춤으로써 투자 및 소비를 향상시키고 경기 활성화를 유도한다. -엔저는 수출을 증가시킨다.	-기업은 불확실성이 있을 때는 투자를 자제한다. -이자율 상승이 기대될 때 소비자는 장래에 대한 불안 때문에 소비를 억제한다. -무역 적자는 취약한 산업 경쟁력이 원인이다. -양적 완화는 마약과 같다. 이것은 버블 경제를 낳는다.
탄력적 재정 지출 정책	향후 10년간 200조 엔을 투자하는 공공사업 프로젝트 추진	-추가 국채 발행에 의한 자금 조달은 위험하다. -매년 20조 엔을 투자할 수 있는 재정 능력이 없다. -공공투자가 민간 투자를 촉진시키는 역할을 못하는 한, 경기를 활성화시키지 못한다.

일본 열도는 왜 후진하는가

탄력적 재정 지출 정책	향후 10년간 200조 엔을 투자하는 공공사업 프로젝트 추진	-이것은 거대한 인기 영합적 정책이다. - 국가의 폭주(暴走)는 구축효과 (驅逐效果)를 낳아 민간 부문 투자를 가로 막는다. -건설 경제 버블은 조세 낭비를 낳고 국가 경제를 공공 투자에 의존하게 하는 악순환에 빠지게 만든다. -재정 파탄을 낳는다.
성장 전략	재정 확대를 지속할 수 없기 때문에 세수 증대의 필요	-민간 투자 증가→경제 성장→세수 증대 등의 선순환이 재정 적자 축소를 낳는다는 논리는 의문이다. -국가 재건 전략에는 어떤 실천 계획도 없다.

자료: Manhee Lee, "Reconsidering Japan's Abenomics in Korea's Economic Security" 참조.

국내의 대부분의 학계 및 언론계는 아베 노믹스를 아베 수상의 민족주의 노선의 표출로 간주하고 있다.[20] 아베 수상은 급진적 민족주의 노선을 실천하기 위하여 세 정당(자민당, 유신의 회 그리고 전 국민의 정당) 간의 연합을 시도하고 있다. 아베 노믹스, 환태평양 경제협력 협정 가입, 교육 개혁 등이 그 사례이다.

한 원로 학자는 아베 노믹스를 야스쿠니 역사관으로 무장한

---

20 이하 내용은 Manhee Lee, "Reconsidering Japan's Abenomics in Korea's Economic Security"를 참조한 것임.

전전의 반동적 국가주의자들과 약탈적 글로벌주의자들 간의 연합 작품이라고 비판한다. 친시장적 정책으로부터 이탈한 아베 노믹스는 케인지안이즘(Keynesianism)과 신자유주의(Neo-liberalism)의 혼합이다. 정치 경제적 모순을 많이 내포하고 있어 정책 실패를 낳을 것은 분명하다고 한다.

전 경제 산업성 고위 관료는 아베 노믹스가 아베를 중심으로 한 매파 폭주족이 주도하는 잘못된 국가 경제의 표출이라고 비판하고 있다. 그것은 국민적 관심을 불러 모으려는 정치화된 수단에 불과하다고 본다. 아베 수상은 매력적인 비전을 보였으나, 전혀 소용없는 정책들을 남발하고 있다. 예컨대 국민의 높은 기대를 유지하기 위하여 제시한 지방 경제의 부활이 그것이다. 불경기는 개선되지 못함에도 불구하고, 그는 항상 도쿄 증시의 주가 상승을 업적으로 제시한다. 그 관료는 아베 수상이 아베 노믹스를 통하여 국민을 마약 중독자로 내몰고 있다고 비판했다. 나아가 분명히 아베 노믹스는 잘못된 정책으로 실패할 것이고 시장경제를 왜곡시킬 것이라고 우려했다.

다른 경제학자는 아베 노믹스를 사기극이라고 비판하고 있다. 비정통적인 양적 완화는 자기 파괴적 효과를 낳을 것이라고 주장하면서 아베 노믹스를 마약과 같은 것이라고 조롱했다. 역설적으로 양적 완화 이후 수출은 감소하고 불황은 더욱 심각해졌다는 것이 그의 판단이다. 사실 그렇다. 또 다른 학자는 아베 수상이 아베 노믹스를 통하여 국가 경제를 고위험 도박에 빠뜨리고 있다고 비판한다.

극우파의 아베 노믹스 찬양

다른 한편으로 아베 노믹스를 적극적으로 찬양하고 있는 극우파의 견해를 간과할 수 없다. 한 극우파 저널리스트는 아베 노믹스가 국가 경제를 회복시키고 자학적 역사관과 국가 경제관을 타파하기 위한 돌파구라고 찬양한다. '강력한 일본의 재건'을 기치로 2013년 1월 28일 공식 등장한 아베 노믹스는 단순한 경제 정책이 아니라 국가 안보 및 국가의 근간을 재편하려는 거대한 계획이라는 것이다.

그는 일본의 자학적 역사관 및 국가 경제관을 우려하고 있다. 그것이 일본 사회의 내향적 마인드를 낳아 어떤 이노베이션에도 도전하려는 의지를 저하시켰다고 한다. 즉 일본 사회에 '패배주의'가 만연된 원인이라는 것이다. 그는 아시아 3국(중국, 한국, 북한)과 일본 언론 그리고 일부 미국인으로 구성된 괴물을 아베 노믹스에 반대하는 '도쿠아노믹스(Doquanomics)' 그룹이라고 부른다. 그들은 일본의 독립을 인정하지 않고 일본을 포위하고 있다고 비판한다. 아베 노믹스는 이들에 대한 보복이자, 1980년대 이후 잃어버린 일본의 자존심을 되찾으려는 결의라고 찬양하고 있다.

이러한 민족주의는 일본 사회의 극소수의 견해를 대변한다. 그러나 이 소수집단은 침묵하는 다수의 전면에 나서 아베 정권의 나팔수로서 활동하는 중요한 지지 집단이다. 아베의 정책 형성에도 많은 영향을 미치고 있다는 데 주목해야 한다. 야스쿠니즘과 천황주의를 바탕으로 하는 그들의 민족주의는 아베 수상의 민족주의와 일치한다.

아베 노믹스의 실적

아베 노믹스의 실적은 기대에 훨씬 못 미치고 있다. 엔저를 유도하는 데는 성공했으나 2% 인플레와 2% 경제성장률에서 멀어져만 가고 있다. 아베 노믹스 이후 물가 상승률은 0%대 또는 마이너스를 기록하고 있다. 2013년에는 예외적으로 2.7%를 기록했다. 이것은 2014년 4월 1일자로 예고된 소비세 인상을 앞둔 일시적 수요 폭발에 기인한다. 경제성장률은 1% 이상을 기록하다 2014년 0.1%를 기록했다. 2015년에는 0.6%의 성장률이 예상되나 매우 불투명하다. IMF가 발표하는 달러 기준 성장률은 엔화 약세를 반영하여 깊은 마이너스의 수렁으로 추락했다. 엔저가 정상화되지 않는 한, 이로부터 벗어날 가능성은 없어 보인다.

아베 노믹스 이후 수출은 증가하고 있다. 그러나 엔화 약세의 효과로 수입은 그보다 훨씬 큰 폭으로 증가하고 있다. 무역수지는

일본 열도는 왜 후진하는가

계속 적자를 면치 못하고, 더욱 확대되는 경향을 보이고 있다. 아베 노믹스가 오히려 일본 경제를 그 이전보다 악화시켰다고 평가할 수 있다. 일본 국내에서는 아베 노믹스가 국민적 관심을 집중시키기 위한 민족주의 노선일 뿐, 국민 경제를 더욱 악화시키고 있다는 비난이 일고 있다. 앞서 언급한 바와 같이 국제사회로부터의 평가도 좋지 않다.

아베 수상은 2%의 인플레 유도를 크게 강조하고 있다. 그 뒤에는 엔화를 무제한으로 풀어 엔저를 유도하여 경상수지 흑자를 달성하겠다는 계산이 작용하고 있었다. 과거 버블 경제에서 경험했던 바와 같이 무역수지 흑자를 통하여 기업 이익을 증대시키면 내수를 활성화할 수 있다는 계산이다. 여기에는 커다란 착각이 있다. 실제로 엔화는 민주당 정권 때의 1달러 당 77엔에서 아베 노믹스 이후 124엔까지 약화되기도 했다. 그에 따라서 수입 물가도 증가하여 무역수지는 장기간 적자를 면치 못하고 있다. 분기 중 반짝 흑자를 달성하기도 했으나 일시적일 뿐이었다. 무역 흑자 대국이었던 일본으로서는 체면을 구기는 실적임에 틀림없다.

엔저에 의한 수입 물가의 상승은 서민 생활을 크게 압박하고 있다. 예컨대 국제 유가가 피크 때와 비교하여 1/4 가까이 하락(2015년 11월 현재 중동 듀바이유 1배럴당 40달러)했음에도 불구하고 국내 휘발유 가격은 2015년 11월 현재 1리터 당 120엔을 기록하고 있다. 국제 유가가 1배럴 당 150불을 기록할 때 국내 휘발유 가격은 1리터 당 150엔 정도였다. 그밖에 대부분 수입에 의존하는 곡물(일본의 식량 자급 자족률은 40%) 가격의 상승으로 식료품 가격이 급등하고 있다. 서민 생활의 질은 이전보다 훨씬 나빠지고 있는 것이 아베 노믹스의 현 주소이다.

국제 유가의 하락은 아베 정권에게는 천우신조(天佑神助)가 아닐 수 없다. 국제 유가가 이와 같이 현저히 하락하지 않았다면, 일본 경제는 지난 1973년 제1차 오일 쇼크 때 경험한 바와 같이 스태그플레이션(불황 속의 인플레 동시 진행)의 소용돌이 속으로 휘말려 들어갔을 것이다.

한일 상호 의존 관계의 해체

필자는 아베 수상의 민족주의 노선이 한일 관계를 고위험으로 빠뜨리고 있다는 사실에 주목한다. 아베 노믹스는 한일 관계를 해체시켜 한국의 경제 안보를 위협하고 있다. 국제 정치경제학에서 자유주의자들은 상호의존관계가 커질수록 무역 마찰에서 비롯되는 기회비용이 증가한다고 한다. 무역을 자유화하고 그로부터 국부를 증대시키려는 모든 행동은 국가 안보를 향상시킨다. 경제 안보는 시장력으로 충분히 조정될 수 있다는 것이다.

한일 관계에서 이러한 논점은 분명히 한계가 있다. 현실주의자들은 기회비용이 큰 국가의 경우, 상호의존관계가 높아질수록 무역 마찰에서 비롯되는 기회비용이 증가하여 경제 안보의 불확실성을 높힌다고 한다. 한국이 경제 안보 전략으로서 세계 각국과 FTA(자유무역협정)를 체결할 때 장기적 관점에서 중요하게 고려해야 할 사항이다. 2010년 9월 센가쿠 열도 충돌 사건 직후 중국의 대일(對日) 희귀석 수출 금지를 되새길 필요가 있다.

아베 노믹스의 민족주의 노선은 한일 상호의존관계를 저해하고, 더 나아가 해체할 수 있는 리스크를 수반한다. 아베 노믹스는 경제 대국으로서의 일본이 국제사회에서 공존하기를 포기하고 인근 국가를 희생시키면서 자국 경제를 재생시키려는 민족주의 노선의 표출이기 때문이다. 일본은 1992년 버블 붕괴 이후, 그리고 1997년 아시아 금융 위기 직전후 아시아에서 탈출하면서 국제적 지위가 크게 저하되었다고 앞서 언급했다. 그 잘못된 선택을 아베 노믹스를 통하여 되풀이 하고 있다. 국제 정치경제학에서는 이것을 '근린 궁핍화 전략(a beggar-thy-neighbour strategy)'이라고 한다. 이웃 국가를 희생시키면서까지 자국 경제의 이익을 극대화하려는 전략이다.

2014년 현재 한국 경제의 무역의존도는 99.5%, 일본 경제의 무역의존도는 33% 정도이다. 일본의 한국 경제 의존도는 수출 7.5%, 수입 4.1%, 한국의 일본 경제 의존도는 수출 5.6%, 수입 10.2% 등을 각각 차지하고 있다. 일본으로서는 한국이 주요 수출 대상국인 반면 한국으로서는 일본이 주요 수입 대상국이다. 국제

시장에서 경쟁하는 수출 상품도 적지 않다.

이러한 양국의 위상을 고려할 때 한국 경제는 일본보다 훨씬 높은 기회비용 구조를 갖추고 있다. 더욱 우려되는 것은 아베 노믹스가 양국 간 경제적 상호 의존도를 크게 낮추고 있다는 점이다. 동시에 한국의 기회비용을 높이고 있다. 그만큼 한국 경제는 아베 노믹스의 영향을 받지 않을 수 없는 구조이다. 이것을 '민감성 의존도(sensitivity dependence)'라고 한다.

양국 간의 FTA 협상 중지(2004년 11월) 그리고 SWAP(국가 간 통화 교환) 협정 중지(2015년 2월), 나아가 일본의 대한(對韓) 직접투자의 급감 등은 경제적 상호의존관계가 점차 해체되고 있음을 의미한다. 일본의 대한 직접투자는 2012년 45.5억 달러를 정점으로 2014년 24.9억 달러로 급감했다. 아베 정권의 민족주의를 앞세운 근린 궁핍화 전략은 한일 관계를 소원화시키는 효과를 낳고 있는 것이다.

정책 실패의 은폐와 민족주의 노선의 지속

아베 노믹스의 빈곤한 실적은 아베 수상의 민족주의 노선을 더욱 부채질하고 있다. 전 고위 관료는 이것을 아베 정권의 폭주라고 비난하고 있다. 국내적으로는 무리한 인기 영합적 정책을 남발하고 있다. 2014년 9월 24일 아베 수상은 '제2의 아베 노믹스'라고 명명하면서 2020년까지 GDP 600조 엔(2014년 490조 엔) 달성, 향후 50년 동안 근로자 1억 명의 사회 유지, 부부 당 출산 인구의 현행 1.4명에서 1.8명으로의 상향 등의 정책을 발표했다. 실현 가능성은 거의 없어 보인다. 국민의 기대감을 높여 아베 노믹스의 실패를 은폐하려는 의도가 아닌가 한다.

대외적으로는 정책 실패를 은폐하기 위하여 전전의 유산과 독도 문제를 정치적 선전 수단으로 내걸고 야스쿠니즘으로 무장한 극우파에게 지지를 호소한다. 최근 유난히 눈에 띠는 극우파의 반한(反韓) 활동은 이와 관계가 있다. 2014년 여름 오사카 시내에 있는 한국 영사관을 방문하던 길에 영사관 바로 앞에서 가두연설을 하는 극우파를 목격했다. 종군위안부는 한국의 날조라는 것이 주요 내용이다. 아베 정권의 민족주의 노선을 대변하는 행동대답다는 생각이 들었다.

아베 노믹스가 성공할 경우 특정의 집단에 지지를 호소할 필요가 없다. 아베 수상은 전전의 반동적(reactionary) 민족주의로 회귀하여 직간접적으로 야스쿠니 신사를 방문하는가 하면, 종군위안부의 실체를 인정하지 않으려 한다. 일본 사회의 불안과 초조를 반영하는 행동이다. 일본은 글로벌 시대에 역행하여 고립화의 길을 걷고 있는 것은 아닌지 우려된다.

이러한 행동은 앞으로도 계속될 것이다. 아베 수상이 2013년 3월 환태평양 경제협력 협정에 복귀한 것도 같은 맥락이다. 이것은 아베 노믹스를 활성화시키려는 전략으로 보인다. 그 이면에는 미국과의 관계를 강화함으로써 중국을 견제하려는 민족주의적 이익이 그의 회귀를 낳았다. 한 일본인은 2015년 10월 초 TPP의 출범은 아베 수상의 정치적 승리라고까지 격찬했다. 그것이 국민의 기대를 고조시켜 여론의 지지를 받았음은 물론이다.

앞서 아베 수상의 민족주의 노선은 근본적으로 외조부로부터의 영향으로 형성되었다고 언급했다. 집단적 자위권 재해석과 아베 노믹스는 그 부분적 표출에 불과하다. 그 민족주의 노선은 다양한 측면에서 한일 관계에 커다란 영향을 미칠 것이 분명하다. 한일 관계가 점차 해체될까 우려된다. 자민당 내에는 세습 의원을 중심으로 민족주의 노선을 지향하는 세력이 압도적으로 분포되어 있다. 야당은 구심점을 상실하고 자민당을 견제할만한 상대가 되지 못한다.

자민당의 집권이 계속되는 한, 일본의 민족주의적 대외 행동은 변화가 없을 것이다. 자민당의 반 글로벌 대외 행동은 분명히 글로벌화의 흐름에는 역행한다. 그 결과 일본 사회는 더욱 내향적 마인드로 되돌아가 스스로를 고립화시킬 것이다. 가끔 일본 언론에서는 한국이 일본의 라이벌로 성장하고 있는 것을 경계하는 목소리를 전하기도 한다. 축구 한일전이야말로 현재의 한일 관계의 축소판이 아닌가 한다. 일본 사회가 한일 관계를 상호 의존보다는 라이벌 또는 경계의 대상으로 인식하고 있는 것은 한국의 국익 차원에서 포괄적으로 되새겨 볼 필요가 있다.

집필을 끝내면서

　이 책은 경제 대국 일본이 왜 추락하고 있는가를 살펴보고 있다. 2000년 이후의 일본은 경제 대국으로부터 멀어져 가고 있다. 일본 국내외에서는 경제 대국의 추락 원인에 대하여 다양한 시각이 제기되고 있으나, 그 원인은 반 글로벌 사회·정치·문화에 기인한다는 것이 필자의 결론이다. 지난 14년간 일본 사회를 목격하면서 그동안 탐독했던 교과서의 내용과는 전혀 다르다는 점을 확인할 수 있었다.

　일본은 장기 불황의 여파로 활기를 잃고 갇혀 있는 사회, 정체된 사회라는 느낌을 받는다. 한국의 대학생들과 비교할 때, 일본 대학생들은 매우 수동적이고 활력을 잃은 듯 보인다. 눈빛이 다름을 느낀다. 사회인들도 일본은 끝났다는 얘기를 자주 한다.

원래 일본의 사회 문화는 고대부터 버블 붕괴 이전까지 글로벌
화의 물결에 적극적으로 편승해 왔다. 국가 발전에 도움이 되는 문
화라면 이념, 종교, 지역 등을 초월하여 적극적으로 받아들인다는
사고가 지배적이었다. '실용주의'는 일본의 사회 문화를 폭넓게 지
배해 왔다. 일찍이 유럽 문화를 받아들이고, 때로는 서구 열강의
압력 속에서 글로벌화를 수용하려는 관성을 유지하고 있었다. 그
것을 일본의 실정에 맞게 개량하려는 노력도 돋보였다.

그러나 1992년 버블 붕괴 이후 일본의 사회 문화는 방향을 잃
은 채 우왕좌왕하는 모습을 보인다. 글로벌화의 흐름을 외면한 채
호황기 때의 구습에 얽매여 있고, 최근의 아베 정권은 민족주의 노
선으로 역행하고 있다. 사회·정치·문화를 글로벌 스탠더드에 맞추
려는 관성은 보이지 않는다. 1980년대로 되돌아가고 있다. 아베 정
권은 오히려 전전으로 회귀하고 있음을 느낀다. 글로벌 시대가 무
엇을 요구하는지 이해하지 못한 행동이 아닐 수 없다.

국제 사회에서는 중국의 그늘에 가려 리더의 위치에서 물러나
면서 경제 대국의 이미지는 크게 약화되고 있다. 보통의 국가일 뿐
이다. 일본 사회에서는 초조감, 패배주의가 팽배하고 있다. 외조부
의 영향을 받은 아베 정권의 민족주의는 이러한 사회 문화를 토대
로 탄력을 받고 있다. 일본 자신에게뿐만 아니라 동아시아에게 아
베 수상의 노선은 매우 위험한 길이 아닐 수 없다.

한국은 산업화 과정에서 일본과 10년의 격차를 두고 있다.

한국은 1960년대 경공업화 시대, 1970년대 중화학 공업화 시대, 1980년대 기술집약형 시대, 1990년대 정보화 시대 등을 경유했다. 일본은 일찍이 1950년대 경공업화 시대를 맞으면서 한국보다 10년 앞서 각 산업화 과정을 밟아 왔다. 그러나 한국은 발 빠르게 정보화 시대로 이전한 반면, 일본은 그 이상 나아가지 못했다. 그 원인은 이 책에서 제시한 반 글로벌 사회·정치·문화에 기인하지 않을까 한다.

그에 대한 반성이 없는 한, 앞으로는 더욱 뒤처질 것이 분명하다. 안타깝게도 반성의 목소리는 전혀 들리지 않는다. 아베 정권의 민족주의는 분명히 시대에 역행하는 흐름이다. 그 결과 한국과의 관계는 더욱 소원해질 것이다. 경제적 상호의존관계의 해체 가능성도 부인할 수 없다. 그럴수록 아베 정권의 전전의 유산 및 독도 문제에 대한 태도는 더욱 우경화(右傾化)하여 한일 관계를 더욱 복잡하게 만들 것이다. 아베 정권이 태도를 바꿀 것이라고 기대하기는 어렵다. 아베 수상은 그것을 정치적 꽃놀이패인 양 즐기고 있기 때문이다.

필자는 한국이 일본의 전철을 밟지 않기를 기원하는 마음으로 이 책을 집필했다. 분명히 세계의 일본 격찬과는 대립되는 내용이다. 특히 제3장에서는 일본이 왜 추락하고 있는가를 나름대로 깊이 관찰한 후 퇴치해야 할 대상이라고 판단했다. 제4장은 현재뿐만 아니라 향후에도 일본이 걷게 될 노선으로서 경계해야 할 부분이다. 일본과는 점차 결별하고 있음을 느낀다. 그럴수록 한국은 글로벌화의 물결을 타고 더욱 바깥으로 뻗어나갈 수 있는 실용주의 노선을 모색해야 한다. 이것은 한국의 운명일지도 모른다.

한국은 일본의 실패를 되풀이하지 않기 위해서 교육 과정에서부터 글로벌 사회 문화를 강조할 필요가 있다. 글로벌형 인재는 이런 교육을 통하여 양성된다. 하나 덧붙이고 싶은 점이 있다. 최근 논의되고 있는 역사 교과서 재편에서 젊은 세대가 일본을 부정적 인식의 대상이 아닌 포용해야 할 대상으로 인식할 수 있도록 일본의 사회 문화에 대한 내용을 중시해야 할 필요가 있다는 점이다. 이것이야말로 능동적으로 한일 우호 관계를 지향할 수 있는 기초가 되지 않을까 확신한다.

참고 문헌

Johnson, Chalmers. *MITI and the Japanese Miracle*. California: Stanford University Press, 1982.

Lee, Kuan Yew. *From Third World to First: The Singapore Story, 1965-2000*. New York: Harper Collins Publishers, 2000.

Lee, Manhee. "Reconsidering Japan's Abenomics in Korea's Economic Security." (미발표 논문)

Lee, Manhee. "Japan's Reinterpretation of Its Right to Collective Self-Defense in East Asian Power Transition." (미발표 논문)

Reischauer, Edwin O. and Fairbank, John King. *East Asia: the Great Tradition*. Boston: Houghton Mifflin, 1962.

Vogel, Ezra F. *Japan as No.1: One Lesson for America*. New York: Harper & Row, 1979.

World Economic Forum, *The Global Competitiveness Report 2014-2015*.

江川美紀夫. 『日本型経濟システム : 市場主義への批判』. 東京 : 學文社,

2008.

鶴田俊正.『戦後日本の産業政策』. 東京：日本経済新聞社, 1982.

慎太一郎.『朝鮮の歴史と日本』. 東京：明石書店, 1998.

村松岐夫／奥野正寛.『平成バブルの研究(下)：崩壊編』. 東京：東洋経済新聞
      社, 2009.

長谷川啓之.『アジアの経済發展と政府の役割』. 東京：文眞堂, 1995.

若松範彦.『もう一度學びたい日本の歴史』. 東京：西東社, 2006.

《朝日新聞》(2014年7月2日, 7月6日, 10日, 12日).

《讀賣新聞》(2014年7月2日).

《毎日新聞》(2014年7月2日).

《*The Japan Times*》(December 4, 2013; June 17, 2014; July 23,
      2015).

찾아보기

일본 열도는 왜 후진하는가

저자 약력

저자: **이만희**(李晚熙)

학력
1959년 강원도 춘천 출생
1978－1982 연세대학교 사회과학 대학 정치외교학과 졸업
1982－1984 연세대학교 대학원 정치학과 졸업(석사, 국제관계 전공)
1986－1992 연세대학교 대학원 정치학과 졸업(박사, 정치경제, 국제정치경제 전공)

경력
1992.8－1996.10 아시아 · 태평양 경제연구소 연구위원
1996.10－1998.10 일본 게이오 대학(慶應大學) 방문연구원
1998.2－2004.3 한국교육개발원 연구위원(고등교육정책연구팀장)
2013.4－9 미국 University of California at Berkeley as a Visiting Scholar
2004.4－현재 일본 풀(Poole) 학원 대학 교수 겸 대학원장
관련 저서 및 논문 다수.

일본 열도는 왜 후진하는가
반 글로벌 사회·정치·문화

발행일 1쇄 2016년 3월 15일

지은이 이만희

펴낸이 여국동

펴낸곳 도서출판 인간사랑

출판등록 1983. 1. 26. 제일 - 3호

주소 경기도 고양시 일산동구 백석로 108번길 60-5 2층

물류센타 경기도 고양시 일산동구 문원길 13-34(문봉동)

전화 031)901-8144(대표) | 031)907-2003(영업부)

팩스 031)905-5815

전자우편 igsr@naver.com

페이스북 http://www.facebook.com/igsrpub

블로그 http://blog.naver.com/igsr

인쇄 인성인쇄 **출력** 현대미디어 **종이** 세원지업사

ISBN 978-89-7418-345-5　93340

이 도서의 국립중앙도서관 출판시도서목록(CIP)은 서지정보유통지원시스템 홈페이지(http://seoji.nl.go.kr)와 국가자료공동목록시스템(http://www.nl.go.kr/kolisnet)에서 이용하실 수 있습니다.(CIP제어번호: CIP2016005149)